Gerhard Bliersbach
Leben in Patchwork-Familien

»edition psychosozial«

Gerhard Bliersbach

Leben in Patchwork-Familien

Halbschwestern, Stiefväter
und wer sonst noch dazugehört

Mit einem aktuellen Vorwort zur Neuausgabe

Psychosozial-Verlag

Für Hildegard, Hannah, Anne, Sebastian und Thomas

Bibliografische Information Der Deutschen Nationalbibliothek
Die Deutsche Nationalbibliothek verzeichnet diese Publikation in der
Deutschen Nationalbibliografie; detaillierte bibliografische Daten sind im
Internet über <http://dnb.ddb.de> abrufbar.

Überarbeitete Neuausgabe der Ausgabe von 2000 (Walter-Verlag)
© 2007 Psychosozial-Verlag
Goethestr. 29, D-35390 Gießen.
Tel.: 0641/77819; Fax: 0641/77742
E-Mail: info@psychosozial-verlag.de
www.psychosozial-verlag.de
Umschlagabbildung: © plainpicture/Johnér
Umschlaggestaltung nach Entwürfen des Ateliers Warminski, Büdingen.
Gesamtherstellung: Majuskel Medienproduktion GmbH, Wetzlar
www.majuskel.de
Printed in Germany
ISBN 978-3-89806-743-0

»Nach einer Scheidung wird der nun ohne die Kinder lebende Elternteil häufig zum allein lebenden Besuchs-Elternteil. So bilden diese allein lebenden, geschiedenen Elternpersonen einen neuen Anteil an Alleinlebenden. Gleichzeitig stellen sie eine besondere Form familialen Lebens dar. Sie weisen darauf hin, dass wohl Liebespaare getrennt und geschieden, nicht aber Elternpaare *vollständig* getrennt werden können.«

Katharina Ley und Christine Borer (1992): Und sie paaren sich wieder. Über Fortsetzungsfamilien. Tübingen (Edition diskord), S. 169.

Inhalt

Vorwort

In einer Zeit des riesigen Bedürfnisses, das eigene Private ins Schaufenster der Öffentlichkeit zu stellen, mit der vagen Hoffnung, nicht nur begafft, sondern in der eigenen Bedürftigkeit auch wahrgenommen zu werden, und in einer Zeit der öffentlichen Ausbeutung dieses Bedürfnisses,[1] möchte ich mit diesem Buch keinen weiteren Beitrag dazu leisten. Aber so ganz kommt ein Autor darum eben nicht herum. Auch ein Sachbuch wird mitunter von den persönlichen, sehr privaten Interessen der Autorin oder des Autors getragen.

Wie jedes Buch hat auch dieses eine Geschichte. Anfang 1998 begann ich, Tagebuch über mein Leben in meiner Patchwork-Familie zu führen. Das Schreiben des Tagebuchs half, die Konflikte, das Ringen um das Zusammenleben, aber nicht die Heftigkeit der Auseinandersetzungen zu verstehen. 1998 verfasste ich für die Zeitschrift *Psychologie Heute* meinen Text über die »schwierigen Verhältnisse« (so der Titel) in einer Patchwork-Familie – mein zweiter Ordnungsversuch, der die gängige Forschungsliteratur einbezog.[2] Dieses Buch, der dritte Anlauf, brachte den Grad an Verständnis, der mich zufriedenstellte (und beruhigte).

Max Frisch schrieb (in seinem Roman *Mein Name sei Gantenbein*): »Jeder Mensch erfindet sich früher oder später eine Geschichte, die er für sein Leben hält, oder eine Reihe von Geschichten«.[3] Das eigene Leben muss einen Sinn ergeben und das Gefühl vermitteln, man habe es einigermaßen gewählt und gestaltet; anderenfalls wird es unerträglich. Unsere Lebensgeschichten, welche wir uns erzählen können, sind der Ausdruck dieses Bemühens. Das Buch erzählt die Geschichte eines Klärungsprozesses, den der Autor systematisiert, aber nicht allein betrieben hat. Soviel zur persönlichen Seite dieses Buches.

Vorwort zur Neuausgabe (2007)

Natürlich dient eine Neuauflage zuerst dem Narzissmus des Autors, der seine Arbeit auf dem Markt verfügbar sehen möchte. Aber dieser Wunsch ist kein substanzielles Argument. Seit der Veröffentlichung meines Buches im September 2000 ist das Interesse an der schwierigen Konstellation einer Patchwork-Familie oder einer Stieffamilie offenbar zurückgegangen. Das *Patchwork* hat sich herumgesprochen, und da es so heimelig klingt – Stricken und Flicken im Licht der Stehlampe an einem herbstlichen Abend –, beunruhigt die Stieffamilie nicht mehr sonderlich. 2004 hat die amtliche Statistik 168.860 minderjährige Kinder, die durch die Scheidung ihrer Eltern zu sogenannten »Scheidungskindern« wurden, registriert; 2003 waren es noch 170.260 Kinder gewesen. Das Statistische Bundesamt in Wiesbaden resümiert in seinem Bericht *Ehescheidungen 2004*:

> »Auch wenn die der amtlichen Statistik zur Verfügung stehenden Daten keinen Aufschluss darüber geben können, wie viele Minderjährige zurzeit insgesamt als von der Scheidung ihrer Eltern betroffene Kinder in Deutschland leben, so zeigt ein Blick auf die vorhandenen Daten doch die Dimension dieses Problems auf. So sind beispielsweise im Zeitraum von 1980 bis 2004 insgesamt gut 3,5 Millionen minderjährige Kinder zu Scheidungskindern geworden«.[1]

Seit 1970, ist der Studie von Judith Wallerstein, Julia Lewis und Sandra Blakeslee zu entnehmen, sind pro Jahr mindestens eine Million Kinder Zeugen der Scheidung ihrer Eltern geworden, die inzwischen ein Viertel der nordamerikanischen Erwachsenen ausmachen, die ihren 44. Geburtstag erreicht haben. Was wird aus den Kindern, deren Familiensysteme sich auflösen? Was ist aus ihnen geworden? Die Antworten sind kompliziert, die Forschungsergebnisse umstritten. Eine Antwort haben Judith Wallerstein und ihre Co-Autorinnen gegeben, deren Arbeit den Titel *The Unexpected*

11

Legacy of Divorce trägt – *das unerwartete Vermächtnis der Scheidung* könnte man übersetzen.[2] Das Buch ist 2002 auf dem angelsächsischen Markt erschienen; bei uns liegt es noch nicht vor. Zwei Jahre später erschien auf unserem Buchmarkt Gerhard Amendts Arbeit *Scheidungsväter*; er kommt zu einem ähnlichen Fazit wie Judith Wallerstein und überschreibt das Resümee seiner Forschung folgendermaßen: »Scheidung ist ein aggressiver Akt oder die Mär von den glücklichen Scheidungskindern.« »Was im Einzelfall«, so Gerhard Amendt, »eine individuelle Entscheidung ist, entpuppt sich aber immer mehr als gesamtgesellschaftliches Konfliktpotential von ungeahntem Ausmaß«.[3]

Der siebte Familienbericht der Bundesregierung, 2005 vorgelegt, zitiert nicht die Forschungsarbeit von Judith Wallerstein, die über einen Zeitraum von 25 Jahren die Lebensgeschichten von Kindern geschiedener Eltern verfolgte – eine einmalige, enorm aufwendige Studie von Entwicklungsprozessen. *The unexpected legacy* formuliert die beunruhigende Langzeitwirkung des enorm gravierenden Lebensereignisses *Scheidung der Eltern*, die offenbar deutliche Spuren in der seelischen Struktur der Kinder hinterließ. Gerhard Amendts Arbeit wird ebenfalls übergangen. Nicht ohne Grund. Denn der siebte Familienbericht der Bundesregierung schlägt einen anderen Ton an: Referiert wird die Evolution der theoretischen Konzepte, unter denen die Wirkung der *Scheidung* für die familiären Gefüge gesehen wurde und gesehen wird – Desorganisation, Reorganisation und Transition sind die Stichwörter für die Prozesse der Auflösung der familiären Gefüge und deren Neubildung. Transition ist der Begriff der gegenwärtigen Konzeption, Scheidung als einen Prozess des Übergangs zu verstehen und, wie die Autoren einräumen, zu »entdramatisieren«, indem die Teilnehmer und Teilnehmerinnen sich von den alten familiären Systemen trennen, sich zu neuen Systemen zusammenfinden und sich arrangieren und anpassen. Natürlich bestreitet der siebte Familienbericht die Komplexität dieser Prozesse nicht. Aber er beschreibt deren Wirklichkeit mit hübschen abstrakten Begriffen – mit der Eleganz des lateinischen Wortes *Transition* hat das Ringen einer Patchwork-Familie um eine lebensfähige Form wenig zu tun. Es sollte nicht übersehen werden. Auch wenn das Lebensereignis

Scheidung zum statistischen Normalfall geworden ist, ist die daraus folgende Lebenswirklichkeit nicht normal. Dieses Buch handelt von der turbulenten und strapaziösen Lebenswirklichkeit, die Patchwork-Familie heißt. Sie soll hier zu Wort kommen.

Hückelhoven-Ratheim, Februar 2007

Einleitung

Die Patchwork-Familie
und die modernen Glücksverheißungen

Wir leben in unübersichtlichen, säkularisierten Zeiten riesiger, sehr irdischer Glücksversprechen. Vor 70 Jahren schrieb Sigmund Freud in seiner Arbeit *Das Unbehagen in der Kultur* USA-kritisch: dass »der Mensch ›glücklich‹ sei, ist im Plan der ›Schöpfung‹ nicht enthalten«.[1] Vielleicht nicht im Plan der Schöpfung, wohl aber in den Bildern, Fantasien und Wünschen westlicher Gesellschaften. Der Soziologe Ulrich Beck hat eine moderne Glücksverheißung genannt: »Es gibt im Westen der Welt wohl kaum einen verbreiteteren Wunsch als den, ein eigenes Leben zu führen«.[2] *Ein eigenes Leben führen* – das ist der (vor allem in der akademischen Mittelschicht geteilte) Wunsch nach einem großen Bewegungsspielraum mit möglichst wenig (familiären) Bindungen. Es ist der moderne Wunsch nach einer *Beziehungsbeweglichkeit*: Nicht das Eheversprechen, dieses romantische *happy ending* der Neuzeit, von den Märchen, der Literatur[3] und dem Kino in kulturellen Umlauf gebracht, garantiert mehr die Dauerhaftigkeit einer intimen Beziehung, sondern deren Qualität. Heute fängt es, wenn überhaupt, mit dem Eheversprechen erst an; was danach kommt, wird man sehen, sagen sich die Ehepartner.

I'm married, but it's not serious, sagt der gut gekleidete Mann in den Dreißigern, den rechten Unterarm lässig auf das Geländer einer Terrasse gelehnt, die linke Hand in der Hosentasche, zu der eleganten, eine Zigarette rauchenden Frau Anfang 30 in einem Cartoon der US-Zeitschrift *The New Yorker.*[4] Carolita Johnson ist die Zeichnerin und die Autorin. Sie hat gut hingesehen und hingehört. *I'm married, but it's not serious – ich bin verheiratet, aber das sagt nichts,* ist der Satz eines Dementis – im Kontext einer Avance. Seit Sigmund Freud wissen wir, dass die Verneinung auch eine Bestätigung sein kann. Die Institution der Ehe, die vermeintliche *quantité négligable,* ist weiterhin bedeutsam, bestätigt uns dieser sich adoleszent aufführende, nicht mehr so junge Mann indirekt. *Ich bin verheiratet, aber das sagt nichts*, ist der Satz einer modernen Verwirrung und die Formel einer sich als selbstsicher gerierenden Hilflosigkeit und Beziehungsunsicherheit.

Das passt schlecht zum kursierenden soziologischen Optimismus und zu den kursierenden sozialwissenschaftlichen Klischees, von denen der von Hans Magnus Enzensberger popularisierte »Verlierer« die aktuelle Wortprägung ist. Sie liefert keine Beschreibung der Lebenswirklichkeit, wohl aber den Blick von oben – den amüsierten Triumph.[5] »Die Individuen selbst, die zusammen leben wollen, sind oder, genauer: *werden* mehr und mehr der Gesetzgeber ihrer eigenen Lebensform, die Richter ihrer Verfehlungen, die Priester, die ihre Schuld wegküssen, die Therapeuten, die die Fesseln der Vergangenheit lockern und lösen«, schreiben Elisabeth Beck-Gernsheim und Ulrich Beck in ihrem Buch mit dem fröhlichen, schulterklopfenden Titel *Das ganz normale Chaos der Liebe*.[6] Das Soziologen-Ehepaar hat die Institution der Ehe gar nicht mehr im Blick, sie hat ausgespielt: »Die Individuen«, behaupten sie, »werden mehr und mehr die Gesetzgeber ihrer eigenen Lebensform.«

Elisabeth Beck-Gernsheim und Ulrich Beck sind die sozialwissenschaftlichen Propagandisten des Konzepts einer (vermeintlich) modernen Such-Bewegung, die sie *Individualisierung* nennen:

> »Individualisierung heißt: Die Menschen werden *freigesetzt* aus den verinnerlichten Geschlechtsrollen, wie sie im Bauplan der Industriegesellschaft nach dem Modell der Kleinfamilie vorgesehen sind, und sie sehen sich … zugleich gezwungen, bei Strafe materieller Benachteiligung eine *eigene* Existenz über Arbeitsmarkt, Ausbildung, Mobilität aufzubauen und diese notfalls *gegen* Familien-, Partnerschafts- und Nachbarschaftsbindungen durchzusetzen und durchzuhalten«.[7]

Das klingt plausibel und, wenn wir uns umsehen, auch nicht so falsch. Aber sind die Menschen *freigesetzt*? Sind sie ihre eigenen *Gesetzgeber, Richter, Priester, Therapeuten*? Wohl kaum. Wer verfügt schon über sein Leben? Man kann froh sein, wenn man ein kohärentes lebensgeschichtliches Narrativ zustande bringt, mit dessen Verlauf man einverstanden ist. *Individualisierung* ist nicht neu. Der Wunsch, aus seinem Leben etwas zu machen, ist uralt. Die USA leben von Menschen, die kamen, um ihrem Leben eine befriedigende Wende zu geben. Der *self-*

made man ist der Mann, der etwas aus seinem Leben gemacht hat. Möglicherweise sind die kursierenden Verheißungen, die zum mächtigen Fantasieren animieren, und die Industrien, welche die Bilder der Fantasien liefern und mit den entsprechenden Produkten versorgen und erbarmungslos ausbeuten, unser Problem. Aber was man sagen kann, ist dies: Das Soziologen-Ehepaar geht robust mit unseren Institutionen um. In ihrem Text fungieren sie als lebenspraktische Metapher.

Das Konzept der *Individualisierung* ist unscharf. Es trifft in etwa die Anstrengung der Moderne: die individuelle Erfahrung einer mächtigen, reichlich einsamen Strapaze, den eigenen Weg zu finden und zu gehen angesichts einer globalisierten, elektronisch beschleunigten Konkurrenz um die heute gehandelten, psychosozialen Repräsentationen von Status, Macht und Glück. Aber es ist ahistorisch. Es blendet die tiefen Bindungen des Einzelnen an Familie und Generationen aus. Und wenn es die Institution der Familie für obsolet erklärt, wird, gewissermaßen unter der Hand, eine weitere Institution verworfen: die des Vaters.

Colette Chiland, die französische Kinderpsychiaterin und Psychoanalytikerin, bemerkte in ihrer Arbeit über Väter: »Über den Vater im allgemeinen kann man nichts sagen. Man kann etwas über einen bestimmten Vater sagen, der mit einer bestimmten Mutter zusammenlebt, und über den abwesenden Vater nur etwas in Beziehung zu den Qualitäten der Mutter«.[8] Man kann es auch anders sagen: *Der Vater* ist in der psychoanalytischen Theorie unterkonzeptualisiert. Mit einer gestaltpsychologischen Analogie könnte man auch sagen: Die Mutter ist psychoanalytisch als die Figur konzipiert, der Vater als Hintergrund. Der Hintergrund ist bekanntlich schwer zu beschreiben.

Allerdings ist der unterkonzeptualisierte Vater erstaunlich. Immerhin ist er in Sigmund Freuds Theorie der Ödipalität das Zentrum: Der Vater ist der Repräsentant der externen Wirklichkeit und der grundlegenden Differenz – die ödipale Struktur ist die väterliche Ordnung. Freuds Theorie des Vaters, in seiner Arbeit *Totem und Tabu* konzipiert, ist schwer zu heben.[9] Vielleicht erscheint ihre klinische Relevanz als zu entfernt. Dagegen ist der im individuellen lebensgeschichtlichen Kontext anwesende und abwesende Vater gut bekannt.[10] Ebenso seine Triangulierungsfunktion und seine Funktion für die Entwicklung der Sprache.[11]

Pierre Legendre, Jurist, Historiker und Psychoanalytiker, hat den Hintergrund in den Vordergrund geschoben und eine anthropologische Konzeption der Genealogie und der Kultivierung des Menschen vorgelegt – die einerseits Sigmund Freuds Konzept vom Vatermord (aus *Totem und Tabu*) als dem kulturellen Beginn und Jacques Lacans Konzept vom Vater als dem Repräsentanten der symbolischen Ordnung aufgreift, und die andererseits an die alte jüdische und christlich-römische Tradition anknüpft.[12] Es sind die Institutionen, die die Kultivierung des Menschen betreiben – Sprache, Familie, Elternschaft, Schule, Gericht, Staat. Die Institutionen sind bezogen auf eine mythische Begründung, die sie rechtfertigt und ihnen ihre Bedeutung verleiht. Die mythische Begründung ist die *Referenz*, wie Pierre Legendre sagt. Die *Referenz* ist das kulturelle Fundament – in Generationen diskutiert, interpretiert, vermittelt.

Jedes Gesetz, so Pierre Legendre, bezieht seine Gültigkeit aus einer abwesenden, akzeptierten Autorität – sei es Gott, das Volk oder die Wissenschaft. Die Wissenschaft ist unsere neue Religion, sagt Legendre – mit dem Unterschied, dass die herrschende Wissenschaft die Biologie favorisiert und die Herrschaft des Körpers (der Rasse, der Neuronen, der Synapsen, der Zellen und der Gene) etabliert, aber die Metapher und die Symbolisierung und die Genealogie reduziert auf äußerliche, methodisch zubereitete Prozesse – und damit den Raum des Sprechens bedroht, der Menschen zu Menschen macht und kultiviert. Diese wie selbstverständlich auftrumpfende, scheinbar natürliche Orientierung von Wissenschaft nennt Pierre Legendre sarkastisch die »Fleischerkonzeption der Filiation«,[13] welche er als *das* unverstandene Erbe des nationalsozialistischen Kahlschlags versteht, als dessen Folge er auch die »Verwüstung des Vateramts«[14] sieht.

Pierre Legendre hat das Konzept der Institution des *väterlichen Amts* vorgelegt. Der Mythos der Referenz ist die biblische Szene, als Abraham seinen Sohn Isaak für das Opfer bindet und entbindet. Das väterliche Amt, keine biologische oder auf ein Gen zu reduzierende Aufgabe der Kultivierung, vermittelt die Grenzziehung und die Beschränkung. Die Grenze markiert das Verbot des Mords und des Inzests. Die Beschränkung ist das Sich-Einfügen in die kulturelle Ordnung. Das väterliche Amt ermöglicht den Kindern Kinder zu sein und Eltern zu werden. Der Prozess ist kompliziert. »Niemand befindet sich von vornherein voll und ganz in der Position des Vaters. Der Zugang zur Vaterschaft setzt den Verzicht voraus, seinen eigenen kindlichen Anspruch gegenüber seinem eigenen Kind aufrecht zu erhalten.« Ein *symbolischer Platztausch* muss in jeder Generation stattfinden: Der »Vater überlässt seinen eigenen Platz als Kind seinem Kind«. [15]

»Kein konkreter Vater«, schreibt Pierre Legendre, »ist Herr des Verbots, er verfügt auch nicht dessen Inhalt. Er ist nicht der Gesetzgeber. Er übt vielmehr sein Amt aus mit dem Ziel, seinem Kind den Bezug zur absoluten Referenz, das heißt zum Prinzip des Gesetzes und der Vernunft zu vermitteln und diesen Bezug lebensfähig und für das Leben erträglich zu machen. Anders gesagt, der konkrete Vater ist allein unter der Ägide des mythischen Vaters denkbar, so wie das politische System in der jeweiligen Kultur von ihm spricht«. [16]

Inzwischen können wir (etwas) sehen, was auf uns zukommt. Seit den 60er Jahren lockern sich die Bindungen auf, und die Beziehungsgefüge verändern sich. Die Heiratsneigung ist gesunken. [17] Das Heiratsalter ist gestiegen. [18] Die Zahl der unverheirateten Paare hat zugenommen. [19] Die sogenannten Ein-Personen-Haushalte, welche verheißungsvoll *single* genannt werden, sind zu einer weit verbreiteten Lebensform geworden – 1996 stellten sie einen Anteil von 35,4 Prozent an der Gesamtheit aller sozialen Gefüge (verglichen mit 19,4 Prozent im Jahre 1950). [20]

Die Zahl der Geburten ist bei uns deutlich zurückgegangen. [21] Der Rückgang der Geburten deutet an, dass Elternschaft offenbar als eine prekäre Lebensform angesehen wird; sie hat es schwer in einer Zeit gewaltiger Glücksversprechen und häufiger Glücksenttäuschungen, die möglicherweise verantwortlich sind für das moderne Phänomen der prolongierten Adoleszenzen – der verlängerten Lebensläufe der Identitätsbildung.

Dennoch: Die Ehe als Lebensform wird weiterhin gewählt. Die Zahl der Eheschließungen nahm erstmals seit 1991 zu. [22] Die amtlichen Statistiker schätzen, dass »ein Drittel der heute geschlossenen Ehen« geschieden wird. [23] Die Scheidungszahlen haben ihren Preis. Die Zahl der von den Scheidungen ihrer Eltern betroffenen Kinder wächst. [24] Nach einer im Jahre 1995 durchgeführten Befragungsstudie lebten in der Bundesrepublik Deutschland 14 Prozent der Kinder unter 18 Jahren *nicht* mit beiden Elternteilen zusammen. Nach den Daten dieser Studie lebten fünf Prozent der Kinder mit einem leiblichen und einem Stiefelternteil zusammen.[25] In der angelsächsischen Literatur wird diese Familienform als *Stief-familie* diskutiert. Bei uns ist der Begriff der *Patchwork-Familie* hinzugekommen.

Patchwork bedeutet Flickwerk. Aus Stoffresten wird beispiels-weise eine Steppdecke gemacht. Familien, aufgrund von Trennung und Scheidung fragmentiert, lassen sich natürlich nicht so einfach neu zusammenfügen. Familien, die sich neu formieren, weil nicht-leibliche Elternteile (mit vielleicht eigenen Kindern) hinzukommen, müssen eine eigene Lebensform organisieren. Dieser Prozess ist schwierig. Heftige Auseinandersetzungen und heftige Affekte be-stimmen den familiären Alltag. Man erkennt sich nicht wieder. Davon ist in diesem Buch die Rede.

Hier wird stets von *Patchwork-Familien* gesprochen, nicht von Stieffamilien. Patchwork-Familie ist ein freundlicher, optimistisch klingender Begriff, schließlich lässt sich auch aus Flicken etwas Ansehnliches machen. Der Begriff der Stieffamilie, welcher die Er-fahrung des Verlusts der alten Familie herausschreit, teilt diese Zuversicht nicht; er klingt, als sei es nicht möglich, diesen Verlust zu verkraften.

Das Buch hat drei Teile. Im ersten Teil wird der Alltag in einer Patchwork-Familie erzählt: die üblichen Interaktionen, Konflikte und Spannungen. Inzwischen liegen Beschreibungsmodelle für die Vielfalt dieses Familien-Typus vor – bis zu 27 Variationen sind auf-gelistet worden. Der Übersichtlichkeit halber wollen wir uns auf drei beschränken: auf die Stiefvater-Familie (Mutter, deren Kinder; Stiefvater; möglicherweise gemeinsame Kinder); auf die Stiefmut-ter-Familie (Vater, dessen Kinder; Stiefmutter; möglicherweise gemeinsame Kinder); und auf die zusammengesetzte Stieffamilie, eine richtige Patchwork-Familie (Mutter, deren Kinder; Vater, des-sen Kinder; gemeinsame Kinder; beide Elternteile sind gleichzeitig Stiefelternteile).

Die Vielfalt der Patchwork-Familiengefüge darzustellen hätte die Lesbarkeit erschwert.[26] So werden die Leserin und der Leser mit einer Familie vertraut gemacht, deren Mitglieder ein typisches, repräsentatives Patchwork-Ensemble bilden: die Mutter, deren Kinder, der Stiefvater und die gemeinsame Tochter sind die Protagonisten. In den Episoden des Alltags, jeweils aus der Sicht der einzelnen Familienmitglieder erzählt, hat der Autor seine eigenen und seine klinischen (psychiatrisch-psychotherapeutischen) Erfahrungen und Beobachtungen eingearbeitet.

Im zweiten Teil werden die Alltagsbeschreibungen einer systematischen Durchsicht unterzogen. Es werden die typischen Interaktions- und Konfliktmuster benannt. Die Patchwork-Familie hat ein Grundproblem: sie existiert nicht allein; eine zweite Familie nimmt auf sie Einfluss: die des getrennt lebenden leiblichen Elternteils. Beide Familien – man kann auch sagen: beide Systeme – sind anfangs miteinander verbunden wie kommunizierende Röhren. Wie die Mitglieder beider Systeme (beider Familien) zu einem Modus von Getrenntheit und Bezogenheit finden, entscheidet über das Wohlergehen der Patchwork-Familie. Es geht um die schwierige Frage, wie sich Eltern trennen und dennoch Eltern für ihre Kinder bleiben können, wenn sie mit neuen Partnern neue Lebensgemeinschaften bilden. Die Anforderungen an die verschiedenen Elternpaare (an das alte und an das neue Paar) sind groß. Vergangene und gegenwärtige Familienwirklichkeiten müssen unterschieden und zu einer neuen, anderen Beziehungswirklichkeit verändert werden. Woran sich die Elternpaare in diesem schwierigen Prozess orientieren können und worauf sie zu achten haben, behandelt der zweite Teil.

Im dritten Teil werden praktische Fragen behandelt und die für den Autor relevante Forschung eingearbeitet: Was kann man erwarten, wenn man das Zusammenleben in einer Patchwork-Familie beginnt? Worauf muss man sich einstellen? Welche Wirkungen haben Scheidung und Trennung auf die Kinder? Wo sollen sie leben? Wie hält man die heftigen Gefühle bei den Konflikten und Auseinandersetzungen in der Patchwork-Familie aus? Wann beruhigen sich die Spannungen?

Die Patchwork-Familie ist keine einfache Lebensform. Aber wahrscheinlich gibt es keine einfache Lebensform. Die Patchwork-Familie gehört zu dem ungeplanten, nicht bewussten Prozess der Evolution unserer Lebensformen, die einen höheren Grad an Beweglichkeit zu realisieren suchen. Leibliche Familienbande sind starke Bande. Die Patchwork-Familie ist der unausgesprochene Versuch, täglich zu testen, dass es auch andere Bande gibt, die uns am Leben halten können.

Wir erleben ein riesiges psychosoziales Experiment oder sind an ihm beteiligt. Wie flexibel sind psychosoziale Strukturen? Die Erleichterung, mit der das *Patchwork* begrüßt wird – endlich ein positives Substantivum für einen dramatischen Prozess [27] –, läuft Gefahr, die Lebenswirklichkeit einer Stieffamilie auszublenden. Die genealogische Kultivierung erodiert. Pierre Legendre spricht von der »Konsumenten-Genealogie« – wenn die Kinder gefragt werden, welchen Vater sie sich wünschen. [28] Es ist die Frage, ob wir die Formen menschlicher Kultivierung ohne große Folgekosten dekonstruieren, kombinieren oder variieren können. Der Fortschrittsoptimismus in die *Individualisierung* hat eine Rückseite: das erschöpfte, depressive, vereinzelte Selbst. [29] Das Experiment läuft. Sein Ausgang ist ungewiss. Wir wissen nicht, ob und wann wir Anlass haben werden, unsere Experimentierfreude zu feiern.

1. Ein Winterabend der Gereiztheit

An einem Samstagabend im Winter. Die Patchwork-Familie sitzt im Wohnzimmer zusammen: Petra, Georg, Matthias, Jochen und Julia. Petra ist die Mutter von Matthias und Jochen, Georg deren Stiefvater. Petra und Georg haben ein gemeinsames Kind: Julia. Seit anderthalb Jahren leben sie in ihrem neuen Haus zusammen. Petra ist etwas über 40 Jahre alt, Georg ist zehn Jahre älter als seine Frau; Matthias ist volljährig, Jochen ist zwei Jahre jünger als sein Bruder; und Julia ist gut drei Jahre alt. Matthias, Jochen und Julia gehören zu den (geschätzten) gut zehn Prozent der Kinder, die in dieser Familienform leben.[1]

Die Gestaltung des Abends steht zur Debatte. Matthias schlägt den Spielfilm *Mississippi Masala* (Mira Nair; USA 1992) im Fernsehen vor. Georg, der Stiefvater, hat dazu keine Lust; er möchte, mault er seinen Einspruch heraus, die Zeitungen lesen, die sich aufgestapelt haben. Petra unterstützt Matthias' Vorschlag. Jochen, Petras jüngster Sohn, ist auch dafür. Julia schläft bereits – der Fernseher kann also laufen.

Die Mehrheit entscheidet sich für den Spielfilm-Abend und gruppiert sich um das Fernsehgerät. Petra und Jochen setzen sich auf das Sofa, Matthias legt sich auf den Boden und schiebt den Fernseher heran. Georg sitzt in seinem Lesesessel in einer anderen Ecke; er blättert durch die Zeitungen, ärgerlich, unkonzentriert, gedankenverloren, der Kinofilm drängt sich in die Lektüre. Er hadert mit seiner Lebenslage; der Abend ist ihm verdorben. Matthias ärgert, dass sein Stiefvater hinter seinem Rücken raschelt und sein Kinovergnügen trübt und seine Begeisterung für den Film nicht teilt; er ist zornig über den Mann, der es ihm so schwer macht und dessen Unzufriedenheit er in seinem Rücken spürt wie einen unangenehmen Blick, dem er nicht ausweichen kann. Spät am Abend sagt Petra zu Georg: »Was die Jungen vorschlagen, musst du ablehnen.«

Eine typische Szene in einer typischen Patchwork-Familie. Kein erfreulicher Abend. Obgleich das Wohnzimmer im eigenen Haus groß ist, ist es eng. Eine Spannung gärt, eine Gereiztheit schwelt. Ein stummer Machtkampf wird ausgetragen; der Spielfilm trennt an diesem Abend den Ohnmächtigen von den Mächtigen; niemand gewinnt, jeder scheint zu verlieren. Vorwürfe kursieren, unausgesprochen und ausgesprochen: Georg lärmt mit seinem bedruckten Papier, und Petra beschreibt ihm das Muster der Verweigerung.

Der Streit um die Frage, was am Samstagabend getan wird, gehört zum Familienalltag. Was ist hier anders? Die Atmosphäre. Sie drückt. Sie ist zum Schneiden. Gedämpfter Tonfall. Jeder kontrolliert sich; jeder ist befangen. Es steht so viel auf dem Spiel: die existenzielle Alternative, entweder zu koalieren oder sich auszuschließen; die tiefe Bitterkeit. Petra ist mit Georg nicht einverstanden: *Was die Jungen vorschlagen, musst du ablehnen.* Georg fühlt sich wie vor den Kopf gestoßen: Petra, arbeitet es in ihm, hat recht – und sie hat nicht recht. Der Druck der Integration. Differenzen sind bedrohlich, machen einsam, isolieren. Wer etwas anderes macht, setzt sich ins Unrecht. Der Schmerz von Fremdheit. In den familiären vier Wänden ist seltsamerweise wenig Platz. Es geht so zu, als müsste man jahrelang mit *fremdem Besuch* leben. Aber es ist unklar, wer *der Besuch* ist: Georg? Matthias oder Jochen? Petra? Man bewegt sich auf Zehenspitzen – solange die Kräfte reichen. Übertrieben?

Untertrieben.

2. Was ist anders in einer Patchwork-Familie?

Schnelle Elternschaft

»Kannst du mir einen Umschlag geben?«, fragt Jochen seinen Stiefvater vorsichtig, der in seinem Arbeitszimmer am Schreibtisch sitzt. Georg zögert. Jochen spürt, dass in seinem Stiefvater etwas arbeitet. »Ganz kurz nur«, räumt Jochen ein; er will seinem Stiefvater signalisieren, dass er ihn nicht stören möchte. Dass er bei seiner Arbeit unterbrochen wird, stört Georg nicht. Wieso hat Jochen keine eigenen Briefumschläge?, fragt sich Georg. Kann er ihm sagen, dass Jochen etwas für seine Selbständigkeit tun könnte, indem er sich seine eigenen Kuverts besorgt? Überzieht er damit seinen pädagogischen Anspruch als Stiefvater? Kollidiert seine Vorstellung von jugendlicher Autonomie mit der seiner Frau, die Jochen wahrscheinlich umstandslos einen Briefumschlag gegeben hätte? Sie sind sich offenbar uneins in ihren Forderungen an Jochen und in ihren Erziehungsprinzipien.

Wahrscheinlich sind Sekunden vergangen, in denen Georg versuchte, seine Position als Stiefvater zu überdenken. Reichlich kurz für eine einigermaßen durchdachte erzieherische Intervention, für einen angemessenen Umgang. Der geringe Raum, man könnte auch sagen: der Zeitdruck, ist ein Problem. Georg kommt es wie ein ständiges Hinterherlaufen vor – er ist gezwungen, eine Position einzunehmen, die ihm fremd ist, weil er sie nicht ausreichend bedacht hat und weil häufig keine Zeit besteht, sie angemessen zu kommunizieren und sich darüber zu verständigen. Und er hat seine Position mit seiner Frau, die ihre Haltung ihrem Sohn gegenüber schon längst gefunden hat, noch nicht ausgehandelt. Eltern brauchen ihren Raum und ihre Zeit, um ihren Stil und ihre Prinzipien zu finden. Es geht nicht von heute auf morgen. Patchwork-Elternschaft ist ein Schnellkurs in Elternschaft.

Was macht Georg mit Jochens Bitte? Er gibt ihm einen Briefumschlag. Er sagt: »Kauf dir auch welche. Dann hast du einen eigenen Vorrat.« Jochen antwortet: »Dafür möchte ich kein Geld ausgeben. Ich kaufe mir lieber CDs.«

Asymmetrische Elternschaft

Ein Liebespaar, gewöhnliche Lebensverhältnisse vorausgesetzt, entwickelt sich allmählich zu einem Elternpaar. Die Dauer der Schwangerschaft ermöglicht den Prozess des Übergangs. Das Paar stellt sich auf die Geburt des Kindes ein und imaginiert seine Aufgaben, Bilder (wie das Kind sein wird und welche Delegationen es zu übernehmen hat), Funktionen und Rollen. Gleichzeitig entwickelt es seine Beziehung zu dem noch ungeborenen Kind, und der Fetus seine Beziehung zu seinen Eltern. Nach der Geburt vertiefen und erweitern sich die gegenseitigen Beziehungen. In einer Patchwork-Familie verläuft die Beziehungsgeschichte des Paares zu den Kindern asymmetrisch. Der leibliche Elternteil hat seine Beziehungsgeschichte zu seinen Kindern, der Stiefelternteil muss sie erst noch entwickeln. Damit ist ein Ungleichgewicht im Beziehungsverhältnis des Elternpaares zu den Kindern etabliert – während der leibliche Elternteil seiner Beziehungen zu seinen Kindern sicher ist, ist der Stiefelternteil verunsichert; er muss sich orientieren, er muss suchen, fragen, tasten; er muss erst eine Position finden. Für die Kinder ist das Problem ähnlich: auch sie müssen in den asymmetrischen Beziehungen erst zurechtkommen.

Gleichzeitig gilt es für das Paar, seine Prinzipien von Elternschaft auszuhandeln und mit ihnen die inneren und äußeren Bewegungsräume der Kinder zu markieren und die Beziehungen zu gestalten. Fragen müssen beantwortet und geregelt werden: Wann werden die Hausaufgaben erledigt? Wann ist der Zeitpunkt des Abendessens? Welcher Spielfilm darf gesehen werden? Wann ist es Zeit, schlafen zu gehen?

Das Elternpaar verständigt sich gleichzeitig über den Umfang des Raumes, welchen es sich gegenseitig zubilligt, wie es Elternschaft vorlebt und mit der Geschlechterdifferenz umgeht. Dabei ist wichtig zu sehen, dass auch der Stiefelternteil in seinen elternähnlichen Funktionen und Rollen von den Kindern *wahrgenommen* wird – er gehört zur Eltern-Generation und kann sich nicht heraushalten; er muss für sich eine Haltung gewinnen, wie er seine elternähnlichen Funktionen und Rollen *dosiert* (auch wenn er versucht, zu den Fragen der Elternschaft zu schweigen, wird er damit unausgesprochen sein Bild von elterlichen Funktionen und Rollen vermitteln, mit dem seine Stiefkinder sich beschäftigen). Die Frage ist: Welche Form findet das Paar in der Patchwork-Familie, um diese Asymmetrie zu kompensieren?

»Die gehen einfach an meine Stereoanlage!«

Im Englischen gibt es das Substantiv »privacy«, welches mit »Privatheit« nur annähernd übersetzt ist. »Privacy« bedeutet Rückzug, Rückzugsmöglichkeit; einmal den ungestörten Rückzug innerhalb der eigenen vier Wände; die Haus- oder Wohnungsgrenzen werden respektiert und sind nach außen geschützt. Zum anderen ist damit auch der Rückzug von denjenigen gemeint, mit denen man die eigenen vier Wände teilt. Der Lesesessel ist der Ort des Rückzugs, reserviert für denjenigen, der dort seinen vertrauten Platz hat, welcher von den anderen Mitgliedern des Haushalts respektiert wird.

Donald Woods Winnicott, der britische Kinderarzt und Psychoanalytiker, prägte das Konzept der Übergangsräume (*transitional spaces*), in denen wir davon dispensiert sind, genau zu unterscheiden zwischen unserer inneren und unserer äußeren Realität.[1] Einen Übergangsraum schafft sich der 10-jährige Junge, der den Klavierhocker als ein Lenkrad benutzt und damit über die Landstraßen des westfälischen Sauerlands braust. Der Lesesessel ermöglicht und versinnlicht einen Übergangsraum, einen Ort des Rückzugs, an dem wir uns lesend, fantasierend in einer anderen Welt bewegen können, im direkten oder indirekten Kontakt mit unseren Wirklichkeiten.

Einen solchen Übergangsraum herzustellen, ermöglicht auch die eigene Stereoanlage. Sie ist nicht nur das schwarze Objekt mit den vielen Knöpfen und Schaltern, sondern sie fungiert auch als Regulationsinstrument des Rückzugs. Um sie hat ihr Besitzer gewissermaßen unsichtbare Grenzen gezogen. Werden sie überschritten, indem ein Fremder dieses Gerät ungefragt benutzt, kann eine Invasion in die eigene Welt stattfinden. Es ist das Problem dieser Grenzen, dass sie schwer anzugeben und schwer auszumachen sind, weil sie eine gefühlshafte Qualität haben. Für jemand anderen wirkt es vielleicht komisch, wenn auf der unversehrten Ordnung gewisser Objekte bestanden wird; deshalb die Scham und die Hemmung, auf der Einhaltung solcher Intimitätsgrenzen zu bestehen.

Der empörte Vorwurf – *die gehen einfach an meine Stereoanlage!* – natürlich an den leiblichen Elternteil, der seine Kinder nicht richtig im Zaum hält, ist der Aufschrei der Hilflosigkeit, die eigenen unsichtbaren Grenzen von *privacy* nicht aussprechen zu können.

Kinder kennen oder ahnen die Bedeutung der schwer kommunizierbaren inneren Räume ihrer Eltern – deshalb ihre Neugier, den Schreibtisch der Mutter oder des Vaters zu erforschen, dort einzudringen –; aber Stiefkinder kennen sie nicht. Woher auch? Den neuen Elternteil kennen sie nur kurz. Wie sollen sie herausfinden, wo diese unsichtbaren Grenzen verlaufen?

»Du mit deiner Stereoanlage!«

Du mit deiner Stereoanlage!, hält der leibliche Elternteil dem Stiefelternteil vor, der sich gerade über die Usurpation seines geliebten Gerätes durch die Stiefkinder beschwert und darum gebeten hat, sie in seiner Abwesenheit nicht zu benutzen. *Du Pingel. Spielverderber. Betonkopf. Musst du so auf deinen Sachen bestehen, als wären sie Heiligtümer? Kannst du nicht mal großzügig sein? Sei doch froh, wenn die Kinder an deinen Sachen Interesse haben!*

Der Vorwurf ist verständlich. Er lässt sich in die Frage übersetzen: Warum bist du so anders? Eine Differenz wird deutlich. Der Stiefelternteil markiert ein eigenes exterritoriales Gebiet: seinen eigenen seelischen Raum, nicht bloß einen Besitz. Sigmund Freud prägte die (gegen René Descartes gerichtete) Formel: »Psychisches ist ausgedehnt, weiß nichts davon«.[2] Wir leben in unseren Dingen, wir bewegen uns in und mit ihnen. Als Sigmund Freud sein Londoner Haus im Stadtteil Hampstead, dem Ort seiner Emigration, einrichtete, stellte er zuerst die Figuren und kleinen Plastiken auf seinem Schreibtisch in seinem Arbeits- und Sprechzimmer auf und etablierte seinen unsichtbaren seelischen Raum, in dem er sich bewegte mit seinen Gedanken, Fantasien, Sehnsüchten und Wünschen.

In der herkömmlichen Familie mit den leiblichen Eltern und Kindern sind die Räume vertraut, die Differenzen bekannt. In der Patchwork-Familie muss die Architektur der Übergangsräume ausgehandelt und entwickelt werden. Schmerzliche Prozesse des Übergangs finden statt. Vertrautheit, Sicherheit, Orientierung müssen aufgegeben und erst wieder gefunden werden.

Françoise Dolto, die französische Psychoanalytikerin, empfiehlt daher auch, dass die Kinder nach der Trennung in ihrer gewohnten Umwelt verbleiben.[3] Wir kennen die Hotelzimmer-Atmosphäre, und wir wissen, wie schwer es fällt, sich einzurichten in einem fremden Zimmer, unabhängig von der Qualität des Hotels: Die Sessel sind nicht die eigenen und unbequem, der Fernseher steht an der falschen Stelle, der Kühlschrank ist zu nah, das Bett dominiert den Raum und drängt einen an den Zimmerrand, und der Schreibtisch ist gegen die Wand gesetzt und offeriert den Blick auf die Tapete.

Du mit deiner Stereoanlage! ist mehr als ein barscher Vorwurf, er artikuliert den Verlust der Architektur der Übergangsräume. Das Problem ist der Prozess der Integration; weil die Mitglieder in der Patchwork-Familie die Grenzen ihrer inneren Räume voneinander nicht kennen, finden ständig Grenzüberschreitungen statt, welche wie Invasionen, gegen die man sich zur Wehr setzen zu müssen glaubt, erlebt werden. Ein Klima der gegenseitigen Gereiztheit ist die Folge. Besteht man auf der Markierung der Grenzen und betont sein Anderssein, isoliert man sich. Fügt man sich in die Invasion, hat man mit den Nachwirkungen zu ringen: mit dem Gefühl von Ohnmacht; die Wut bleibt unmoduliert, lähmt und deprimiert, macht gereizt und bereitet den inneren Rückzug vor.

Viel Besuch im Haus

Für ein paar Tage rückt man gern zusammen. Wenn Besuch logiert, verändert sich einiges. Reist er am Wochenende an, ist das Ausschlafen gefährdet, der Mittagsschlaf bedroht, die Mattscheibe bleibt dunkel – der psychische Rückzug ist blockiert, der Lebensrhythmus verändert. Ein sozialer Marathon steht bevor; die Zielgerade ist weit entfernt.

Man bewegt sich anders. Das Badezimmer steht nur für kurze Zeit zur Verfügung. Rasch, rasch, rasch. Irgendjemand wartet vor der Tür. Die verschwitzten, ausgebeulten Klamotten sind untragbar. Man trägt irgendwie hochgeschlossen. Big Band-Musik, mit welcher man die anderen aus dem Raum wegdröhnen kann, ist nicht gestattet; sie könnte missverstanden werden. Der Tag ist lang. Der Tonfall gedämpft. Aufrechte Haltung ist gefordert.

Lieber Besuch, sagt man. Man rückt zusammen, und einer schläft auf der *Besucherritze*; ein Provisorium. Jemand wird in die Mitte (des Ehebettes) genommen, eine Praxis aus der Nachkriegszeit, als der Platz knapp und der Besuch häufig war. Dort schläft man nicht besonders gut. Das ironische Wort transportiert eine Anstrengung – dort die Balance im Schlaf zu halten, ist nicht einfach; nie liegt man richtig. Auch wenn heute die *Besucherritze* den Gästen nicht mehr zugemutet wird, weil meistens mehr Raum als früher vorhanden ist, transportiert dieses Wort präzise die gar nicht einfache psychosoziale Leistung, die eigenen Übergangsräume zu teilen.

Wenn der Besuch abreist, ist man erleichtert – natürlich trauert man ihm auch hinterher, wehmütig schaut man ihm nach, winkt zum Abschied und freut sich auf den nächsten Besuch. Was macht man, wenn man wieder über seine Räume verfügt? Man besetzt sie und erholt sich: Stereoanlage an, Fernseher an, rein ins Badezimmer. Menschen sind widersprüchlich, leben mit ihren ambivalenten Impulsen im Konflikt und öffnen die Räume des Rückzugs, in denen sie mit sich einigermaßen im Gleichgewicht sind, auch für Freunde ungern.

In der Patchwork-Familie ist der Stiefelternteil für die Kinder ein Fremder – eine Art Besuch; für ihn sind die Stiefkinder Fremde, auch ein Besuch. Nur der leibliche Elternteil ist beiden Mitgliedern vertraut. Fremde verändern intime Beziehungen. Wenn zwei Freunde miteinander sprechen und ein Bekannter oder eine Kollegin kommt hinzu, verändert sich das Gespräch. Die Themen werden weniger persönlich, die intime Nähe weitet sich, die Freunde rücken auseinander, sie sprechen mit einem Dritten, der sich dazwischen schiebt.

Die Kinder schieben sich zwischen das Elternpaar; der Stiefelternteil schiebt sich zwischen den leiblichen Elternteil und dessen Kinder. Eine besondere Qualität von Öffentlichkeit entsteht. Man spricht miteinander, aber man spricht auch zu vielen Dritten. Die

Kinder sprechen zum Stiefelternteil und damit zu denen, zu denen er Beziehungen unterhält: zu seinen Eltern, Angehörigen, Freunden, Verwandten, Bekannten, Kollegen; sein Beziehungsnetz ist unübersichtlich (für sie ist unklar, zu wem er über sie spricht). Der Stiefvater spricht zu seinen Stiefkindern und damit zu deren leiblichem (abwesenden) Elternteil, zu dessen Eltern, Angehörigen, Freunden, Verwandten, Bekannten, Kollegen (für ihn ist unklar, zu wem sie über ihn sprechen). Es ist unklar, was in den neuen vier Wänden bleibt, was nicht. Die Räume, in denen die Patchwork-Familie miteinander spricht, sind nicht geschlossen, nicht sicher. Was kann man sich sagen? Was kann man tun? Wie kann man sich bewegen?

Die Patchwork-Familie ist ein schwieriges familiäres Gefüge, welches offenbar besonderer Anstrengungen bedarf, bis ihre Mitglieder ihre Rückzugsmöglichkeiten gefunden haben und sich wohl fühlen. Bis dahin läuft viel Besuch durchs Haus.

3. Patchwork-Familie oder Stieffamilie? Über die Schwierigkeit, den angemessenen Begriff zu finden

Die Patchwork-Familien werden mehr und mehr zum familiären Normalfall – Ausdruck der sich verändernden Beziehungsgefüge der Moderne. Oliver König hat die Tendenz zur Vielfalt der familiären Lebensformen »Pluralisierung der Familie«[1] genannt. Stieffamilien oder Patchwork-Familien, definiert Verena Krähenbühl diese Familienform, sind familiäre Gefüge, in welchen »wenigstens ein Erwachsener ein Stiefelternteil ist«.[2]

Patchwork-Familien entstehen heute vor allem durch die Beziehungs- und Bindungswechsel der Lebenspartner – die alte familiäre Lebensform wurde aufgelöst, die neue Lebensform mit einem anderen Partner oder einer anderen Partnerin eingegangen. Komplizierte familiäre Gefüge sind die Folge: die Beziehungswirklichkeit erweitert sich; zu den leiblichen kommen nicht-leibliche Elternteile und Großelternteile hinzu – und mit ihnen weitere Beziehungsnetze (von Angehörigen, Bekannten, Freunden und Kollegen), unterschiedliche Lebensformen und Lebenstraditionen.

Es scheint schwer zu sein, angemessene Begriffe für die familiäre Lebensvielfalt zu finden. Der Begriff *Stieffamilie* ist ein Wort-Ungetüm. Das Suffix *stief*, verwandt mit dem englischen *step*, bedeutet: beraubt, verwaist – ein Verlust, Leid, Schmerzen, traumatische Erfahrungen, schwierige Auseinandersetzungen, heftige Konflikte sind angedeutet. Sie sind offenbar nicht beruhigt oder beseitigt, sondern kennzeichnen die psychosoziale Wirklichkeit einer Stieffamilie.

Unsere Märchen erzählen überraschend regelmäßig von den familiären Katastrophen. *Schneewittchen* verlor seine Mutter, als sie ein Jahr alt war, und hatte nach der erneuten Heirat ihres Vaters mit einer Stiefmutter zu tun, die sie mehrmals zu ermorden versuchte. *Aschenputtel* verlor ebenfalls, wenn auch nicht in so frühem Alter, ihre Mutter; täglich besuchte sie deren Grab. Ihr Vater heiratete erneut, und sie wurde von ihrer Stiefmutter und ihren Stiefschwestern ins Abseits der Familie gedrängt. *Hänsel und Gretel* werden von ihrem Vater und ihrer Stiefmutter in mörderischer Absicht im Wald ausgesetzt. Und im Märchen *Tischlein deck dich* hat die Stiefmutter die Gestalt einer tückischen Ziege, die nicht zufriedenzustellen und Anlass dafür ist, dass der Vater seine drei Söhne aus dem Haus jagt. Die Rache an den schlechten, bösartigen Stiefmüttern ist am Ende stets unbarmherzig.

Das Kino erzählt ähnliche, aber zum Glück auch andere Geschichten: Ingmar Bergmans *Fanny und Alexander* (Schweden 1982) erzählt von einem grausamen, unerbittlichen Stiefvater, aber Sophia Loren (in Melville Shavelsons *Hausboot*; 1958) und Kim Basinger (in Richard Benjamins *Meine Stiefmutter ist ein Alien*; 1988) und Julia Roberts (in *Seite an Seite – Stepmom –* von Chris Columbus; USA 1998) sind Stiefmütter, mit denen zumindest die Jungen einverstanden sein könnten.

Hausboot aus dem Jahre 1958 ist eine rührende Hollywood-Komödie. Tom Tinston (Cary Grant) ist der verwitwete Vater zweier Söhne und einer Tochter. Tom nimmt seine drei Kinder, Elisabeth, David (13 Jahre alt) und Robert (acht Jahre alt) zu einem Freiluft-Konzert in Washington mit. Robert, acht Jahre alt und strapaziert vom Zwang, sich in der Öffentlichkeit des Auditoriums benehmen zu müssen, läuft davon. Er trifft auf einer Art Rummelplatz Cinzia Zaccardi (Sophia Loren), die Tochter des Dirigenten, der das Orchester leitet, zu dessen Aufführung Tom mit seinen Kindern fuhr, und die, aus anderen Gründen ebenfalls strapaziert, das Konzert verließ. Robert freundet sich mit Cinzia an, die ihn spät abends zu seinem Vater nach Hause bringt. Robert bekniet seinen Vater, Cinzia als ihr Kindermädchen einzustellen. Tom sträubt sich, er traut ihr nicht zu, diese Aufgabe zu übernehmen; Cinzia wehrt sich auch, aber schließlich tritt sie ihre ungewohnte Tätigkeit an und folgt der Ein-Elternteil-Familie aufs *Hausboot*. Die Romanze zwischen Cinzia und Tom beginnt.

Es gibt einen Subtext: die Beschreibung, wie Robert und David ihre Beziehungen zu Cinzia aufnehmen und gestalten. Robert kannte sie, bevor sein Vater sie kennenlernte. David verliebt sich in sie, bevor sein Vater sich in sie verliebt. Der Film lebt von der kindlichen Fantasie, Robert und David hätten ihre Stiefmutter gewählt; sie liebten sie, bevor ihr Vater sie liebt. Erzählen die Märchen häufig eine Rache-Fantasie, eine Art mörderischer Rückkehr zur Ein-Elternteil-

Familie, wird hier eine reparative Fantasie aufgeboten, welche die Abhängigkeit der Kinder von ihren Eltern umkehrt: der Tagtraum von unglücklichen Kindern, die andere Eltern imaginieren. Aber der Vater bleibt der Vater; sie müssen sich abfinden mit der ödipalen Konstellation der Eltern- und Kinder-Generationen. Und auf den letzten Metern des Films finden die Kinder sich bei der Trauung ihres Vaters und ihrer Stiefmutter ein und stimmen dem Gefüge einer Patchwork-Familie zu.

Die Märchen und die Kinofilme beschreiben unterschiedliche interaktive Bewegungen in stieffamiliären Wirklichkeiten. *Hausboot* verbreitet den Optimismus einer Patchwork-Familie – irgendwie kommen wir schon zusammen, lautet die freundliche Botschaft. Die Märchen artikulieren dagegen den wütenden Pessimismus und den untergründigen Impuls, diese familiäre Form nicht leben, sondern rückgängig machen zu wollen. Märchen beschreiben den Wunsch der Kinder nach Reparation: den Weg zurück zu dem familiären Gefüge, als der Stiefelternteil noch nicht existierte. Patchwork-Familie ist der Begriff mit der angelsächsischen Konnotation des *Keep Going!*: Wir machen weiter, auch wenn es nicht einfach ist; wir flicken es zurecht; was von der Trennung übrig bleibt, wird zusammenge-stückelt wie eine Steppdecke oder ein Teewärmer; es geht eben nicht besser. Der Begriff der Patchwork-Familie drückt die Hoffnung auf gemeinsames Wachstum aus.[3]

Der Begriff der »Zweitfamilie« nummeriert schlicht die Chrono-logie der familiären Gefüge durch; und die »geteilte Familie« be-schreibt die möglicherweise traumatische Erfahrung der Trennung des Elternpaares. Die »nicht-ehelichen Lebensgemeinschaften mit Kindern«, »multiple Elternschaften« und »Folgebeziehungen« sind Beschreibungsbegriffe, die offen lassen, welche Erfahrungen mit die-sen familiären Gefügen verbunden sind.[4] Katharina Ley und Chris-tine Borer haben den Begriff der *Fortsetzungsfamilien* geprägt;[5] er systematisiert nicht so sehr den Verlust, sondern die Geschichte der Familienmitglieder, die Kontexte der Bindungen, Trennungen und Loyalitäten aufgegebener und neuer familiärer Konstellationen – die Vergangenheit bleibt gegenwärtig und redet gewissermaßen in der zweiten (oder dritten oder vierten) Ehe und in den entsprechenden Familiengefügen mit.

Vor einigen Jahren unternahm die Redaktion der *ZEIT* (im Magazin *Modernes Leben*) den Versuch, neue Begriffe zu finden für eine familiäre Wirklichkeit, welche so ungern als Stieffamilie bezeichnet wird: *Co-Mutter* und *Co-Vater* sind Stiefmutter und Stiefvater, *Cosy* der Halbbruder oder die Halbschwester, *Vorfrau* und *Vormann* die geschiedenen leiblichen Elternteile.[6] Die Nomenklatur war nicht durchdacht. Das Suffix *Co* suggerierte ein *Mit* – wie bei der Mit-Autorenschaft –, eine Übereinkunft bei einer gemeinsamen Arbeit zum Beispiel. Im Alltag einer Stieffamilie oder Patchwork-Familie ist das *Mit* jedoch umstritten. Um die Übereinkünfte wird noch gerungen, wie wir sehen werden. *Vorfrau* und *Vormann* bewegen die Illusion einer lebensgeschichtlichen Zäsur – die Trennung oder Scheidung des Elternpaares –, als gäbe es ein Vorher und Nachher, eine Vergangenheit und eine Gegenwart, die voneinander geschieden sind und sich nicht mehr beeinflussen. Die *Vor*frau oder der *Vor*mann sind gar nicht *vor*, sondern *hier* in der Patchwork-Familie; sie sind anwesend, auch wenn sie abwesend sind.

Das Wort *Stieffamilie* formuliert die Lebensperspektive der Kinder: ihren Aufschrei an die Adresse der Eltern über ein Leben mit einem unerträglichen Verlust in einer unerträglichen neuen familiären Umwelt *und* ihren Wunsch, ihre Wirklichkeit rückgängig zu machen. Verloren wurde die alte vertraute Umwelt, die sprichwörtlichen vier Wände mit den Eltern als Zentrum, welches die Welt der Kinder zusammenhält. Jetzt wird in einer anderen Umwelt gelebt: es ist so neu, so wenig vertraut und irritierend. Es ist ein bisschen wie auf einer langen Ferien-Fahrt durch die Dunkelheit, wenn das letzte geöffnete Hotel zum düsteren Quartier für eine Nacht wird.

Ulrich Beck und Elisabeth Beck-Gersheim haben diese Differenzierung von Lebenswirklichkeiten das »ganz normale Chaos der Liebe« genannt.[7] Das klingt ganz nett – und lieblos wie ein Trost auf die Schulter: *Nimm's nicht so schwer; das Leben geht schon weiter.* Die Formel vom *Verfall der Familie* schlägt dagegen einen apokalyptischen Ton an: Etwas geht unwiderruflich verloren. Katharina Ley und Christine Borer nennen die Familie »eine Sehnsucht nach dem Vertrauten« und einen »gesellschaftlichen Mythos«[8] – die Familie als der fantasierte Ort der Geborgenheit, der stabilen, wärmenden Lebensverhältnisse, fern von den Erfahrungen der Enttäuschung, der

Ernüchterung und der Vereinsamung, fern von der Anstrengung, sich allein auszuhalten. Am öffentlichen Interesse an der englischen Königsfamilie, deren private Wirklichkeit mit Entsetzen und Vergnügen penibel registriert wird, lässt sich der weit verbreitete Wunsch ablesen, die Fantasie einer idealen Familie – die Mauern des Buckingham Palastes als Bild für die Zuverlässigkeit unerschütterlicher Eltern – pflegen zu können, in der sogar ein rebellisches Aschenputtel, das offenbar nicht nur ein Aschenputtel war, seinen Platz findet.

4. Der Alltag in Patchwork-Familien: Die Kinder

Plötzliche Fremdheit

Wenn das Elternpaar auseinandergeht, dann erleben die Kinder einen *Orientierungsschock*. Sie fühlen sich in ihrer Existenz und in ihrer Entwicklung – hinsichtlich ihres Identitätsgefühls, ihrer Idealbildung, ihrer Moral, ihrer Lebenswünsche und Lebensentwürfe – allein gelassen, verunsichert. *Was wird aus mir? Wie geht es weiter?*

Eine Tür wurde aufgestoßen, und der angrenzende Raum ist grell erleuchtet. Die Kinder machen eine Erfahrung, vergleichbar mit der Desillusionierung über öffentlich verehrte Künstler oder Politiker, wenn ihre private, ganz andere Lebenswirklichkeit plötzlich enthüllt wird. Das Geheimnis der elterlichen Zuneigung wird ans Licht gezerrt und hinterfragt: *Die Eltern mögen sich nicht mehr.* Es ist schrecklich ungemütlich. Die Desillusionierung arbeitet in den Kindern. Oder mögen sie sich *doch*? Verschwinden der Streit und die Trennung und das neue Zuhause wieder wie ein Spuk aus einem unangenehmen Traum? Kann man der Wirklichkeit dieser Patchwork-Familie trauen? Oder haben die eigenen Fantasien und Wünsche das größere Gewicht?

Erich Kästners Roman[1] und dessen Verfilmung *Das doppelte Lottchen* (Regie: Josef von Baky; BRD 1950) ist ein rührendes Beispiel für die reparative Kraft der Fantasie: In einem Ferienheim entdecken Ina und Tina, dass sie Geschwister sind, und beschließen, beim anderen, getrennt (aber glücklicherweise ungebunden) lebenden Elternteil unterzutauchen und die Eltern zusammenzubringen. Keine Frage, es gelingt.

Die Kinder müssen ihre inneren Sicherheiten wiedergewinnen. Kinder orientieren sich in ihrer Entwicklung (zuerst) an ihren Eltern. Sie sind angewiesen auf eine familiäre Umwelt, in der sie sich wohl fühlen und die ihnen vertraut ist. Es ist die innere Not labilisierter Entwicklungsprozesse, welche die Kinder beunruhigt und unzugänglich, aufsässig, bockig und unruhig und dann wieder umgänglich, besorgt und kooperativ sein lässt. Beunruhigte Eltern drohen den Kontakt zu ihren Kindern verlieren, weil sie deren schwankende Verfassung nicht richtig verstehen.

Etwas ist anders in der neuen Familie. Etwas fehlt und etwas ist fremd. Die Antwort scheint einfach: der abwesende Elternteil wird vermisst, und der Stiefelternteil steht im Weg wie ein klobiges Möbelstück, welches die Spediteure wegzurücken vergaßen. Es ist kompliziert.

Der neue Partner (oder die neue Partnerin), der Stiefelternteil, ist der ständig präsente, implizite Kommentar der Mutter über den abwesenden Vater (oder umgekehrt der Kommentar des Vaters über die abwesende Mutter): Wenn Mutter mit Vater bricht, dann stimmt am Vater etwas nicht mehr; aber an der Mutter auch nicht. Doch was?

Es ist verwirrend, so viel ist unklar. Der leibliche Elternteil ist abwesend, der Stiefelternteil anwesend. Aber es ist auch umgekehrt. Der abwesende Elternteil ist in der inneren Welt der Kinder sehr präsent; sie sind mit ihm sogar sehr beschäftigt sind und halten ihn in ihren Erinnerungen lebendig, während der Stiefelternteil nicht richtig wahrgenommen wird. Wir kennen diese Art des inneren Beschäftigtseins, während wir mit unserer Umwelt in lockerem, eher abwesendem Kontakt sind. Bei einer Feier zum Beispiel, wenn ein alter Freund, eine alte Freundin erwartet werden; weil sie noch nicht eingetroffen sind, muss man sich mit den anwesenden Gästen zufriedengeben: mäßig interessiert, nicht konzentriert; was sie sagen, läuft durch einen wie Wasser durch ein Sieb, die Gedanken sind bei denen, die hoffentlich gleich eintreffen werden. Es ist eine Verfassung des Wartens und Hoffens und Sehnens. Ähnlich wird der abwesende Elternteil *erwartet* – gleich tritt er oder sie ein – und der Stiefelternteil kann stehengelassen werden wie jene Gäste, mit denen die Zeit des Wartens überbrückt wurde.

Es ist quälend. Die Kinder leben in ihrer eigenen Welt – abwesend und anwesend zugleich. Sie sitzen in der Küche beim Abendessen mit Mutter und Stiefvater und sind dennoch woanders – verstohlen schauen sie hinaus auf die Straße und beobachten und hören, wer vorbeikommt. Die inneren Bewegungen – die Erinnerungen, Gedanken, Fantasien, Beziehungswünsche – gehen nach draußen; unbemerkt. So sind die Kinder am Tisch unaufmerksam, fahrig, unruhig. Sie werden angesprochen, reagieren und – vergessen, was gesagt wurde. Am nächsten Tag wird sich herausstellen, dass sie eine Vereinbarung, welche gerade getroffen wurde, nicht registriert haben. Die innere Spannung ist schwer auszuhalten. Sie brüten und schweigen.

Sie hängen ihren Erinnerungen an das nicht getrennte Elternpaar nach. Sie halten ihre Erinnerungen lebendig – und das Paar zusammen. Sie versinken in einer Stimmung.

Stimmungen sind merkwürdige seelische Prozesse. »Oft sagt man über jemanden«, schreibt der amerikanische Psychoanalytiker Christopher Bollas, »er (oder sie) sei ›in‹ dieser oder jener Stimmung, wobei diejenigen von uns, die nicht in einer solchen Verfassung sind, den Eindruck haben, der (oder die) Betreffende befinde sich ›im Inneren‹ eines spezifischen Zustandes. Wie weit ›im Inneren‹ der Stimmung ist er (oder sie)? Wie lange wird sie anhalten?« Die Stimmung fungiert wie ein Raum, in den man sich zurückzuziehen scheint – in eine alte Erfahrung, eine Erinnerung, die einen gefangen hält und in der man sich in einer bestimmten, schwer zu beschreibenden Weise erlebt. Gegenwart und Vergangenheit vermischen sich. Stimmungen konservieren und reproduzieren alte Erfahrungen. »Wer in eine Stimmung eintritt«, so Christopher Bollas, »den bringt diese Form psychischer Aktivität einer anderen Möglichkeit nahe, Elemente des Säuglings- und Kind-Selbst zu Tage zu fördern und auszugestalten: der Schlaf erzeugt den Traum, während manche Stimmungen Fragmente früherer Selbstzustände hervortreten lassen«.[2]

In der Stimmung wird die nicht getrennte alte Familie erhalten, die neue weggedrängt. Manchmal wird dieser Reparationsversuch beim Abendessen versprachlicht. Das Gespräch, der Stiefvater ist anwesend, aber ausgeschlossen aus dem symbolisierten Kontext, wendet sich der Vergangenheit zu: *Weißt du noch, Mutti, als du mit Papa das Zelt aufgebaut hast?*

Es wird in den alten vertrauten Formen gesprochen, die dem Stiefvater, der *Papa* nicht kennt, sondern nur den geschiedenen Mann seiner Frau bei dieser oder jener Gelegenheit, den Herrn Sowieso, keinen Platz einräumen. Das vertraute Sprechen schließt den Stiefelternteil aus und macht den abwesenden Elternteil anwesend. Die alte Familie ist im Gespräch wieder komplett. Der Stiefelternteil wird für Momente beseitigt. Vage spürt er seine Kränkung über die ihm aufgezwungene Nicht-Existenz.

Zurück in die Vergangenheit

Die Sache mit dem Geld

Jochen (aus unserer schon vorgestellten Patchwork-Familie) möchte in der Stadt eine Jacke kaufen. Es ist die Zeit des Winterschlussverkaufs. Jochen hofft auf eine günstige Gelegenheit. Petra und Georg haben ihm einen Geldbetrag für die Jacke gegeben. Georg fährt Jochen zum Bahnhof. Jochen denkt laut nach, was er sich sonst noch kaufen möchte. Vielleicht eine oder zwei CDs? Er korrigiert seine Idee mit den Worten: »Ich kann ja nicht das Geld nehmen, das mir Mutti für die Jacke gegeben hat.« Georg schweigt; er brütet und ist wütend, dass Jochen nicht wahrgenommen hat, woher das Geld kommt, als hätte er nichts dazu beigetragen. Leichthin, er möchte sich seine Kränkung nicht ansehen lassen, bemerkt er zu Jochen: »Du, das Geld habe ich dir auch gegeben.«

Am Abend führt Jochen stolz seine Jacke vor. Georg erwartet, dass Jochen sich an seine Bemerkung auf der Hinfahrt erinnert und in irgendeiner Form seinen Dank abstattet. Jochen erinnert sich nicht. Wütend geht Georg seinen Stiefsohn an: »Wieso berücksichtigst du nicht, dass ich an dem Kauf deiner Jacke auch beteiligt bin?« Jochen ist entsetzt; das hatte er nicht bedacht. Er entschuldigt sich, aber er weiß nicht, wofür er sich entschuldigen soll; der heftige Affekt seines Stiefvaters kommt ihm unangemessen vor, übertrieben. Einer dieser bitteren Momente, an denen die gegenseitige Fremdheit aufbricht – und er sich schrecklich unwohl fühlt.

Georg ärgert sich über sich selbst: Wieder ist er aus der Haut gefahren und hat mit einer Kränkung auf eine Kränkung reagiert. Petra schaut betreten; sie möchte den Ausbruch ihres Mannes ungeschehen machen; aber es ist zu spät. Julia, Georgs Tochter, beschwert sich. Sie kann ihren Vater nicht leiden, wenn er ihren Halbbruder so angeht. Es ist kühl im Haus. Porzellan wurde zerschlagen. Wieso?

Die Episode mit Jochen und Georg ist typisch; vergleichbare Interaktionen mit ähnlichem Muster und ähnlichem Affekt-Ausbruch zwischen Stiefvater und Stiefsohn sind häufig. Jochen war während der Fahrt zum Bahnhof auf seine Mutter bezogen. Georg war in Jochens Beziehung zu seiner Mutter ausgeschlossen; er hatte dort keinen Platz.

Es ist, nehmen wir ein Alltagsbeispiel, als würde ein Gast, wenn er sich nach einem erfreulichen Abend verabschiedet, nur der Gastgeberin (die er aus seiner Schulzeit noch kennt und seither mit ihr befreundet ist) danken, nicht aber dem Gastgeber. Den Gastgeber dürfte der verweigerte Dank kränken. Wahrscheinlich wird er sich fragen: Welche Beziehung hat eigentlich dieser Schulfreund zu meiner Frau? Hat der Schulfreund ihn, den Mann seiner Schulfreundin, überhaupt zur Kenntnis genommen? Hat er ihm *seinen Platz* zugestanden? Der Gastgeber wird sich vielleicht sagen: Offenbar nicht; seit der Schulzeit hat er an seiner alten Beziehung zu seiner Klassenkameradin festgehalten und ihre andere Beziehungsrealität, dass sie inzwischen verheiratet ist, nicht realisiert. Vielleicht wird er sich jetzt einen Reim darauf machen können, dass der Schulfreund seinen Namen so seltsam ausspricht, ihn verstümmelt, verballhornt (und sich dafür natürlich sofort entschuldigt), vergisst oder gar nicht ausspricht. Der Gastgeber wird schließlich denken: Der Schulfreund hängt offenbar noch an meiner Frau, und ich bin ihm im Weg.

Jochen verhält sich ähnlich wie der Schulfreund. Er hat noch nicht wirklich realisiert, dass sein Stiefvater zu seiner Mutter gehört wie früher sein Vater zu ihr. Er übergeht seinen Stiefvater. Georg ist zwar nicht »Luft« für Jochen, wie man in einer Redewendung für eine Kränkung sagt – dafür ist Georg zu präsent als Fahrer des Wagens –, aber er wird *nicht beachtet.* »Unschuldige Gewalttätigkeit« nannte Christopher Bollas diese sublim aggressive Interaktionsform, mit welcher die Existenz eines Gefühls auf unbewusste Weise bestritten wird, indem es nicht wahrgenommen wird.[3]

Jochen versteht dieses Interaktionsmuster nicht, sonst wäre er nicht so erschrocken und hätte nicht so ein schlechtes Gewissen seinem Stiefvater gegenüber. Und Georg, der Stiefvater, übersieht nicht, wie sehr er gekränkt wurde von der eliminatorischen Interaktion seines Stiefsohns – er reagiert auf dessen symbolische Aggression, als wäre sie real. Wieso?

So wie Jochen Georg aus seiner Beziehung zu seiner Mutter ausschließt, nimmt Georg offenbar seinen Stiefsohn als Eindringling in die Beziehung zu seiner Frau wahr. Offenbar ist sich Georg seiner Beziehung zu Petra unsicher – er fantasiert, so könnten wir seinen unbewussten Impuls verstehen, Jochens Vater könnte wichtiger sein als er und seinen Platz im Beziehungsgefüge zu Petra besetzen. Georg revanchiert sich auf seine Weise und ringt mit seinem Stiefsohn um den Platz bei Petra.

Zwei Jahre später.

Georg sitzt im ersten Stock an seinem Schreibtisch im Arbeitszimmer. Er überblickt die Straße und den Vorgarten und kann jeden beobachten, der das Haus passiert, vorbeifährt oder hält. Ein japanischer Kleinwagen fährt vor, Jochen steigt aus. Er geht auf das Haus zu, schließt die Tür auf und ruft in den Flur hinein: »Hallo Mutti!« Georg, der seinen Stiefsohn und sich inzwischen kennt, überlegt, wann er für Jochen so bedeutsam ist, dass er von ihm begrüßt wird.

Georg ist Sozialwissenschaftler und manchmal ein gemeiner Mensch. Er schaut auf seine Armbanduhr: Es ist 12.15 Uhr. Um 13.45 Uhr, Petra hat ihn gerade in seinem Arbeitszimmer aufgesucht, kommt Jochen hoch und begrüßt seinen Stiefvater: »Hallo Georg!« »Hallo Jochen!« Sie geben sich die Hand. Georg hat inzwischen ein wenig von den Interaktionen innerhalb einer Patchwork-Familie verstanden. Er sagt nichts zu Jochens später Begrüßung.

Die Sache mit dem Nachnamen

Mit seiner Schulklasse und seinem Deutschlehrer hatte Matthias einen Film über einen Schriftsteller hergestellt. Ein Drehort war das Wohnzimmer im Haus seiner Mutter und seines Stiefvaters gewesen. Er hatte Georg gefragt, ob er damit einverstanden wäre. Georg hatte zugestimmt; er hatte sich geschätzt gefühlt und war geschmeichelt. Der Film wird in der Schule vorgeführt. Im Nachspann werden die Eltern mit ihren Nachnamen aufgelistet, die zu den Dreharbeiten einen Beitrag leisteten. Georgs Name wird nicht erwähnt; wohl aber der Name von Matthias' Vater, der an der Herstellung des Films keineswegs beteiligt war. Nach der Vorführung spricht Georg, der über das Versehen empört ist, den Lehrer an und besteht darauf, dass der Nachspann geändert wird. Er fühlt sich übergangen, missachtet; er ist gekränkt und wütend. Er ringt mit seiner Fassung, mit dem Gefühl von Nicht-Existenz im Kontext der familiären Patchwork-Beziehungen: als hätte er dort nichts zu suchen, keinen Platz. Matthias entschuldigt sich; ihm ist die Kränkung seines Stiefvaters unangenehm. Er überlegt, was er falsch gemacht hat, er schlägt sich mit seinem schlechten Gewissen herum; ihm ist es unangenehm warm. Er brütet über seine komplizierte, wie verfahren wirkende Lebenslage. Wieder entstand der Eindruck von Fremdheit – eine tiefe Kluft liegt unausgesprochen zwischen ihnen. Das Nicht-Verständnis ist so schwer zu verstehen. Matthias und Georg leben unter einem Dach; aber sie kennen einander nicht.

Es war eines jener Missverständnisse, die dadurch entstehen, dass etwas unklar ist: Matthias hatte seinen Lehrer nicht ausreichend informiert, wo die Dreharbeiten stattfanden. Er hatte sich gescheut, den Namen seines Stiefvaters zu nennen. Sein Stiefvater gehört (noch) nicht zu ihm. Wohl der Vater; denn ihn lässt er in Verbindung mit seiner Mutter bringen; Drehort und (alter) Familiennamen sind eins. Es ist verständlich, dass Georg gekränkt reagiert: Sein Name, Symbol seiner Existenz und Identität, wird unterschlagen. Erstaunlich ist die aggressive Subtilität des interaktiven Prozesses: Ein Film wird, im Kontext des Deutschunterrichts, gedreht und vermittelt gleichzeitig eine Botschaft an den Stiefvater: *In diesem Hause bist du nicht zu Haus.*

Die Sache mit dem Satz

Jochen liest Georg seinen Deutschaufsatz vor. Georg moniert eine seinem Sprachgefühl nach pompöse Formulierung. Jochen ist gekränkt; er fühlt sich zurückgestoßen in seinem Beziehungsangebot. Er fragt daraufhin laut seine Mutter, sodass Georg es hören muss: »Findest du diesen Satz auch nicht gut?« Georg rast innerlich: Gilt meine Auffassung nichts? Wieso werde ich so infrage gestellt? Pikiert verkündet er Jochen: »Das nächste Mal kannst du gleich deine Mutter fragen. Mich brauchst du nicht mehr zu fragen.« Er hadert mit Petra, seiner Frau: Sie *hat* ihren Platz im familiären Gefüge, er nicht. Und Jochen versteht seinen Stiefvater nicht, der wieder einmal so empfindlich und so gereizt auf ihn reagierte.

Stellen Sie sich als Vergleich folgende Situation vor: Ein Tourist fragt einen Passanten, der sich offenbar als ortskundig erweist, nach dem Weg. Er erhält eine Auskunft. Der Tourist ist damit aber noch nicht zufrieden, er fragt einen zweiten Passanten in Gegenwart des ersten Passanten. Der erste Passant wird sich düpiert vorkommen, vorgeführt, ausgenützt und entwertet; seine Auskunft zählte nicht und wird nachkontrolliert. Er wird sich fragen, was der Tourist von ihm wollte. Vielleicht war der Tourist unsicher und holte sich einen zweiten Rat ein; doppelt genäht, hält besser, heißt es. Aber wieso in der Gegenwart des anderen Passanten?

Es sieht wie ein Ausspielen des ersten gegen den zweiten aus; wie ein seltsamer Kränkungsversuch. Vielleicht war der erste Ortskundige für den Touristen kein sympathischer Mann; vielleicht machte er nicht den Eindruck, den Weg tatsächlich wissen zu können; etwas behagte ihm nicht. Da sprach er denjenigen an, der eher zu seinem Bild eines kompetenten Ortskundigen passte.

Was mag Jochen bewegt haben, seinen Stiefvater in dessen Kompetenz kontrollieren zu lassen? Jochen fühlte sich schlecht behandelt; er wollte keine kritische, sondern eine unterstützende Bemerkung – so wie er es sich von seinem Vater erhofft hätte. Jochen behandelt Georg hinsichtlich seines Wunsches nach narzisstischer Gratifikation wie seinen Vater; da macht er keinen Unterschied. In der psychoanalytischen Praxis wird diese Form der Interaktion »Übertragung« genannt [4] – mit einem lebensgeschichtlich alten Beziehungsmuster wird eine neue, fremde Beziehung gestaltet. Die lebensgeschichtliche Vergangenheit wird in der Gegenwart belebt, eine Vertrautheit hergestellt, die Gegenwart gemäß den eigenen Mustern und Bedürfnissen modelliert, der andere Fremde nicht wahrgenommen. Im klinischen Alltag, in dem die lebensgeschichtlich relevanten Beziehungserfahrungen und -muster besprochen und geklärt werden, ist die »Übertragung« ein notwendiges Geschehen. Im Alltag kann sie, da sie eine unbewusste Interaktion darstellt, nicht besprochen werden. So bleibt bei Georg das Gefühl eines Übergriffs zurück, der Eindruck, nicht richtig wahrgenommen worden zu sein als jemand, der mit seiner Sprachkritik seinem Stiefsohn etwas geben wollte.

Eins und eins macht eins

Matthias und Jochen leben, auf diesen Rhythmus habe sich ihre beiden sorgeberechtigen Eltern verständigt, drei Tage in der Woche bei ihrem Vater, vier Tage im neuen Patchwork-Gefüge mit Petra, ihrer Mutter, mit Georg, ihrem Stiefvater, und mit Julia, ihrer Halbschwester, zusammen. Matthias' und Jochens Bewegungen in und zwischen den beiden Systemen sind nicht einfach. Sie müssen gut planen, was sie von ihren Sachen in dem einen und in dem anderen System brauchen. Auf einmal erscheint das T-Shirt des Vaters im Patchwork-System, und das *Brigitte*-Kochbuch der Mutter im väterlichen System. Der Hosengürtel des Stiefvaters wird im väterlichen System gefunden, und die CD des Vaters liegt im Abspielgerät des Stiefvaters.

Jochen übernachtet gerade bei seinem Vater – das ist der ausgehandelte Lebensrhythmus. Das möchte er aber heute nicht: In seinem Zimmer im väterlichen Haus ist es so *stickig*, im Haus seiner Mutter dagegen kühl. Petra hat nichts dagegen; Georg ist nicht dafür, dass Jochen den Rhythmus durchbricht. Jochen übernachtet bei ihnen.

Einige Tage später. Jochens Vater ist verreist, dessen Haus leer. *Sturmfreie Bude* heißt das noch immer im jugendlichen Jargon. Jetzt möchte Jochen, obgleich er im Augenblick in seiner Patchwork-Familie wohnt, im väterlichen Haus sein. Petra hat keinen Einwand, Georg schon. Das Stiefelternpaar diskutiert nur kurz; es ist unterschiedlicher Meinung. Jochen stürmt die sturmfreie Bude.

Zwei familiäre Systeme, obgleich räumlich deutlich voneinander getrennt, werden von Matthias und Jochen wie ein System verstanden. Was in dem einen fehlt, existiert in dem anderen. Matthias und Jochen machen die zwei Haushalte zu einem Haushalt – das ist ihre kreative interaktive Leistung: Sie verringern die Distanz, sparen die Differenzen aus und schaffen eine Art *Verbindungstür* – wie wir es in alten Hotels bei zwei Zimmern, welche nebeneinanderliegen, kennen. Die äußere und die innere Realität klaffen auseinander. Es gibt die kilometerlange Entfernung zwischen den beiden Systemen, aber sie wird überbrückt. Es ist, als ob die Systeme mit einem unsichtbaren Flur verbunden wären, wo leibliche Mutter und leiblicher Vater zusammengebracht werden als ungetrenntes Elternpaar. Es ist typisch, dass die Kinder auf einer nicht bewussten Weise das Elternpaar mit ihren Interaktionen zusammenrücken lassen, den Stiefelternteil wegdrängen und entsprechend dieser Abwehranstrengung ihre Bewegungen und Beziehungen gestalten.

Die vier alltäglichen Sequenzen sind Beispiele regressiver Interaktionen: die Beziehungswirklichkeit der alten Familie soll wiederhergestellt werden. Die neue Beziehungskonstellation der Patchwork-Familie wird verleugnet und umgestaltet, indem die alte Beziehungskonstellation wiederbelebt und durchgesetzt wird. Der innere Konflikt des Kindes, entstanden aus der Trennung des Elternpaares und der Veränderung des familiären Gefüges, wird in den täglichen Interaktionen ausgetragen und gestaltet. Wir sind in der Anfangsphase der interaktiven Evolution unserer Patchwork-Familie.

Alles beim Alten?
Die Wahrnehmung der Trennung wird vermieden

»Papa bringt uns vorbei«

Matthias sitzt mit Petra und Georg am Küchentisch. »Wir sind morgen hier«, kündigt Matthias an, »Papa bringt uns vorbei. Er fährt nach München.« Petra nimmt die Rhythmus-Änderung zur Kenntnis und ärgert sich, dass ihr geschiedener Mann sich durchsetzt, ohne mit ihr seine Pläne abzusprechen. So war es früher, so geht es weiter. Ihr Ärger lähmt Petra; sie schweigt. Georg beobachtet und schweigt ebenso. Er brütet über seine und Petras Ohnmacht.

Was war geschehen?

Wie selbstverständlich teilte Matthias seiner Mutter mit, was er mit seinem Vater abgesprochen hatte. Die Selbstverständlichkeit ist bemerkenswert. Matthias verhält sich so, als käme er gerade aus dem Nebenzimmer und informierte in der Küche seine Mutter über Vaters Absichten. Weder relativiert er seine Mitteilung, noch bezieht er sie auf die veränderte familiäre Konstellation – was er etwa mit den Worten hätte tun können: »Papa ist in den nächsten Tagen verhindert und kann uns nicht versorgen. Wäre es dir recht, wenn wir bei dir sein können?« Nein, Matthias setzt voraus, dass seine Mutter für ihn und seinen Bruder zur Verfügung stehen würde – so, wie sie zur Verfügung stand, als sie noch im alten Haushalt lebte und noch nicht getrennt war.

Matthias reagierte auch nicht auf seinen Stiefvater und seine Halbschwester – er sagte nicht: »Ist es *euch* recht, wenn wir bei euch sind?« Matthias informierte nur seine Mutter und bewegte sich in diesem Augenblick in dem alten Beziehungsmuster; die Gegenwart war nicht so gegenwärtig. Georg und Julia waren in der Küche einerseits zwar anwesend, aber andererseits in der inneren Beziehungswirklichkeit von Matthias nicht repräsentiert. Matthias war in seiner inneren Beziehungswirklichkeit auf das ungetrennte Elternpaar bezogen. Er hatte nicht realisiert, dass sein Vater, wollte er seine geschiedene Frau sprechen oder besuchen, sie erst hätte bitten müssen, ob er sie sprechen oder sehen kann. Matthias hat seine alten Beziehungsmuster noch nicht modifiziert.

»Papa kann nicht – kannst du?«

Jochen hat Sonntagmittag sein Basketball-Spiel, welches 50 Kilometer entfernt in einer kleinen Stadt ausgetragen wird. Jochen kann den Ort mit öffentlichen Verkehrsmitteln schlecht erreichen. Der Sportverein hatte deshalb die Eltern gebeten, Fahrgemeinschaften zu ermöglichen. Jochens Vater steht nicht zur Verfügung; er hatte Jochen seine Absage mitgeteilt, nicht seiner geschiedenen Frau. Es ist spät, der Abfahrtstermin drängt, Jochen diskutiert erst jetzt seine Not.

Jochen ruft Sonntagmorgen seine Mutter an, sein Vater sei verhindert; ob sie ihn nicht fahren könnte. Bis zu dem Zeitpunkt, zu dem man sich zu treffen verabredet hat, sind es noch zwei Stunden. Petra hat das Gefühl, keine Wahl zu haben. Sie unterstützt Jochens Sport. Sie sagt ihm zu, ihn zu seinem Spiel zu fahren.

Wieso ruft Jochen seine Mutter so spät an? Auf den ersten Blick könnte man sagen: Er schafft Fakten (es ist schon spät, und er ist verabredet); er zwingt seine Mutter, ihn zu unterstützen. *Mutti!*

49

Ich habe mich geschnitten! Hole mir doch bitte ein Pflaster! Die Mutter wird sofort ins Badezimmer laufen und das Heftpflaster holen. Warum zwingt er sie? Damit sie keine Fragen stellt. Beispielsweise diese: »Warum sagst du mir nicht früher Bescheid?« Würde sie ihm diese Frage stellen, würde Jochen daran erinnert, dass er sich auf die veränderte Konstellation einzustellen und zu überlegen hat, wie er die Trennung der Eltern in seiner Alltags-Gestaltung realisiert.

Würde diese Frage gestellt, wäre er mit seinem Unverständnis und mit seiner Weigerung und Unwilligkeit, die neuen familiären Verhältnisse in sein Leben zu integrieren, konfrontiert. Möglicherweise müsste er erleben, wie wütend und traurig und verzweifelt er in seinem gegenwärtigen Leben ist.

Jochen versucht, diese Affektlagen verständlicherweise zu vermeiden. Indem er seine Mutter zum Handeln zwingt, ohne es mit ihr auszuhandeln, teilt er etwas von seiner Verfassung und seiner Not mit, in zwei familiären Systemen leben zu müssen: im väterlichen System und im System der Patchwork-Familie.

»Papa ist hier – du hast hier nichts zu suchen!«

Abendessen in der Küche. Jochen erzählt Petra, dass neulich eine Nachbarin mit seinem Vater gesprochen habe, um das Projekt einer gemeinsamen Solaranlage zu besprechen. Das Gespräch thematisiert die Umgebung, die nachbarlichen Beziehungen, die Petras alte Beziehungen waren. Gegenwärtige und vergangene Kontexte mischen sich. Das Gespräch transportiert Petra in ihre alten Lebensumstände vor der Trennung. Ihr geschiedener Mann ist anwesend. Es geht fröhlich zu – als würden die guten Erinnerungen an eine schöne Urlaubsfahrt nachgeschmeckt. Georg hört zu; er ist eifersüchtig; er fühlt sich ausgeschlossen; ihm ist, als würde ihm der Boden unter den Füßen weggezogen. Er wartet und hofft, dass er einbezogen wird. Jochen nimmt nicht wahr, was sein Stiefvater sich wünscht. Georg fühlt sich übergangen – als würde ihm bedeutet: *Du hast hier nichts zu suchen!* Ist sein Zuhause sein Zuhause? Georg ist irritiert; er hadert: Wo ist mein Platz?

Das Gespräch wendet sich der Gegenwart zu. Matthias erzählt seiner Mutter, wie ihm die Zubereitung des mehrgängigen Essens bei seinem Vater glückte, welche Zutaten er benutzte und was sein Vater zu seinen Auslagen beisteuerte. Sohn und Mutter sprechen vertraut miteinander; zwei Fachleute tauschen sich aus. Das Gespräch geht an Georg vorbei; er, der nicht kochen kann und die alte kulinarische Vertrautheit von Mutter und Sohn nicht kennt, kann nur beobachten und zuhören und sich fragen, warum er zu einer Art Publikum gemacht wird – wie bei alten Bekannten, die er in einer Kneipe trifft und die ihn bitten, sich zu ihnen zu setzen, die ihm aber ihre gemeinsame Geschichte vorenthalten und für Momente ihre Beziehung für ihn nicht öffnen.

»Papa soll es nicht sehen!«

Die Schulzeugnisse liegen vor; sie müssen von den Eltern unterschrieben werden. Matthias bittet seine Mutter um ihre Unterschrift; sie unterzeichnet mit ihrem neuen Namen das Revers, welches die Fächerwahl ihres Sohnes für die Oberstufe bestätigt. Das Zeugnis unterschreibt sie nicht, weil Matthias es ihr nicht zur Unterschrift vorlegt. Er möchte seinem Vater offenbar ersparen, den neuen Namen seiner geschiedenen Frau auf dem Zeugnis seines Sohnes lesen zu müssen.

Möglich, dass sein Vater gekränkt wäre; das würde bedeuten, dass er noch mit der Trennung und Scheidung ringt; vielleicht spürt Matthias das richtig. Aber könnte es nicht auch sein, dass er vermutet, seinen Vater würde das von seiner Mutter unterschriebene Zeugnis kränken, weil er selbst mit der Trennung ringt? Matthias vermeidet, die familiäre Kluft buchstäblich auf den Tisch zu legen. Würde er seinem Vater das Zeugnis zeigen, würde er ihm signalisieren: Ich scheue mich nicht vor den veränderten familiären Beziehungen und ich nehme sie hin. Mit seiner Operation des Auseinanderhaltens – hier das von seiner Mutter unterzeichnete Revers, dort das von seinem Vater zu unterschreibende Zeugnis –, hält Matthias seine Eltern zusammen. Er mutet sich und seinem Vater nicht zu, auf die Veränderung des familiären Gefüges zu reagieren.

»Papa darf nicht ausgeschlossen werden«

Es ist Abend. Der Tisch wird abgeräumt. Matthias fragt Jochen: »Du, wo sind wir heute Abend? Bei Papa oder hier?« Matthias nimmt das Telefon und wählt den Anschluss seines Vaters an. »Hi«, begrüßt Matthias seinen Vater, während der Rest der Familie ihm zuhört. »Wie sieht es heute Abend aus?« Ein kurzes Gespräch; der leibliche Vater ist sehr anwesend; es wird gewartet, wie er sich entscheidet. »Wir sind heute Abend bei ihm«, informiert Matthias seinen Bruder Jochen. Der Abend macht, wenn man es so sagen kann, eine Kehrtwende. Es ist so ähnlich, als hätte man Gäste im Haus, deren Übernachtung verabredet und vorbereitet ist, die Betten sind gemacht, die Handtücher herausgelegt, aber plötzlich entscheiden sie sich, abzufahren. Georg und Petra schauen zu, wie die beiden sich aufmachen, ihre Sachen packen, die Räder aus der Garage holen und zu ihrem Vater radeln. Der Vater ist ganz nah; er muss in ihre Lebensbewegungen einbezogen werden; wenn sie der Mutter »Gute Nacht« sagen, müssen sie dem Vater, der im Nebenzimmer auf sie zu warten scheint, auch eine gute Nacht wünschen.

Die geschiedenen Eltern sind nicht getrennt

Eine französische Untersuchung, so Inès Angelino im Gespräch mit Françoise Dolto, der französischen Kinder-Psychoanalytikerin, zeige, dass bei einer Stichprobe von Kindern geschiedener Eltern »die Kinder immer ein solidarisches Paar fantasieren.« Françoise Dolto bemerkt dazu: »Das ist so zu verstehen, dass dieses innere Elternpaar im Unbewussten stärker und tiefer präsent ist, wenn das Kind durch die Scheidung seine äußeren Eltern verliert. Die realen Eltern sind Erwachsene, die mit dem Leben nicht fertig geworden sind und dadurch dem Kind Schaden zufügen können«.[5]
  Françoise Dolto spricht die komplizierten Veränderungsprozesse in der kindlichen Seele an. Was macht ein Kind, dessen Eltern sich trennten? Es hält sie *innerlich* zusammen. Was macht ein Kind, dessen Eltern getrennt bleiben und in eigenen, verschiedenen familiären

Gefügen leben? Es modifiziert seine inneren Beziehungen zu seinen Eltern. Wie kann man sich das vorstellen? Dazu folgendes alltägliches Beispiel:

Helga und Franz haben kürzlich ihr gemeinsames Haus aufgegeben und sind in verschiedene Wohnungen gezogen. Sie lebt in einem hübschen Appartement in der Südstadt, er im Altbau im Westen einer westdeutschen Großstadt. Natürlich pflegen wir unsere Beziehungen zu Helga und Franz weiter; wir sehen sie getrennt und bringen deren Konflikt nicht richtig zur Sprache. Es ist so, wenn wir sie sehen, als hätte jeweils nur Helga oder Franz Zeit gehabt; er oder sie hatte andere Verpflichtungen. Wenn wir mit Helga oder Franz zusammenkommen, existieren Helga und Franz noch als Paar. Wir stellen keine genauen, sondern vorläufige, scheue Fragen. Wir fragen beispielsweise nicht: »Helga, was ist mit dir und Franz los? Weshalb habt ihr euch getrennt? Was hat euch eigentlich auseinandergebracht?« Sind wir im Kontakt mit Helga und sparen wir ihren Partner aus, ist Franz dennoch auf sprachlose Weise anwesend: Helga und Franz sind trotzdem für uns ein Paar. Wollten wir uns auf Helga und Franz einzeln beziehen, müssten wir unsere Beziehungen mit ihnen jeweils neu aushandeln, und das würde einen Austausch über deren Krise voraussetzen, in deren Verlauf wir unsere Beziehungen zu Helga und Franz zu verändern hätten.

Das nicht-versprachlichte Ausgesparte, das war Sigmund Freuds Idee, ist nicht bewusst und bleibt dennoch wirksam. Die Vermeidung eines Konflikts hält den Konflikt lebendig. Es ist offenbar schwer, das Unausgesprochene auszusprechen. Denn wer etwas ausspricht, gibt etwas ab oder auf.

Im Fall von Helga und Franz wäre das die Vertrautheit eines Beziehungsmusters. Mit beiden ließ sich so gut so folgenlos flirten und so ausgelassen blödeln; sie waren ja gebunden. Was ist jetzt? Müssen Nähe und Distanz neu austariert werden? Wird es auf einmal ernst mit Helga? Und wie ist es mit Franz? Das aufgekratzte Reden über Autos, Sport und Politik und das unbeschwerte Bechern unter Kumpels, die sich eigentlich gar nicht viel sagen wollen, fallen jetzt schwer. Wie spricht man mit Franz über persönliche Dinge?

Im Fall der Patchwork-Familie müsste die Sicherheit eines Beziehungsgefüges aufgegeben werden. Wenn Vater und Mutter kein Liebespaar und kein Elternpaar mehr sind – wie kann das Kind sich auf sie beziehen? Es kann fantasieren und Tagträume von den idealen Eltern pflegen, es kann die Erinnerungen lebendig halten, als Vater und Mutter ein Liebes- und Elternpaar waren, indem es sich zurückzieht in die Welt der Fotoalben, in denen die familiäre Welt in Ordnung war. Es traut sich nicht richtig, obgleich es die Antworten erhofft, Vater und Mutter präzise, eindringliche Fragen zu stellen: »Was hat dich an Papa gestört, Mutti? Wieso wolltest du mit Mutti nicht mehr zusammenleben, Papa? Und was gefällt dir am neuen Partner besser als an Vater (oder an Mutter)?« Stattdessen kann es auf einer nicht bewussten interaktiven Ebene Vater und Mutter zusammenbringen – für Momente unterdrückt die Fantasie die Tatsache der Trennung.

Jochen, dessen Fahrrad repariert werden muss, ist den weiten Weg vom Haus seiner Mutter und seines Stiefvaters zum Haus seines Vaters zu Fuß gegangen. Er möchte bei seinem Vater Musik auf Kassetten aufnehmen, was er bei seiner Mutter nicht kann. Seiner Mutter versprach er, den Weg auch wieder zu Fuß zurückzugehen. Er hält sich nicht an seinen Vorsatz. Er ruft seine Mutter an, ob sie ihn nicht am späten Nachmittag abholen könnte vom Haus seines Vaters, welches früher, vor der Trennung, der gemeinsame Lebensort war. Petra stimmt widerwillig zu, Jochen abzuholen.

Was veranlasste Jochen, seine Mutter zu bitten, ihn abzuholen? Er ruft sie zurück: an den Ort ihres früheren Zusammenlebens. Er stellt die alte Vertrautheit her. Mutter und Vater sind sich auf dem alten Grundstück wieder nah – und vielleicht begegnen sie sich sogar. Er vermeidet, die Trennung zu realisieren; würde er sich aufmachen und den Weg zurückgehen, müsste er die Distanz zwischen Mutter und Vater erfahren, die lange Strecke der Einsamkeit und Ernüchterung. Wie kann Jochen seine inneren Beziehungen zu den Eltern modifizieren? Wie kann er sich einstellen auf die veränderte Realität seiner Patchwork-Familie?

Etwas verändert sich

Unterschiede werden wahrgenommen

Die Patchwork-Familie beim Abendessen. Petra hat ein schmackhaftes Essen zubereitet. Die Kinder sind zufrieden, Georg auch. Jochen, der seinen Stiefvater beobachtet, wie er eine Flasche bayrischen Weizenbieres gekonnt in das hohe Glas stürzt, kommentiert: »*Erdinger* schmeckt mir besser als *Paulaner*.« Das erste Bier trinkt Jochens Vater, das zweite Bier trinkt Jochens Stiefvater. Georg, der nicht so leicht klein beigeben möchte, beeilt sich zu sagen, dass er früher jene Biermarke auch getrunken habe, aber inzwischen bei der anderen angelangt sei.

Jochen riskiert einen Vergleich; er sieht einen Unterschied zwischen seinem Vater und seinem Stiefvater; es gibt auch eine zweite Biersorte. Unterschiede können in unserer Patchwork-Familie auf vielen Ebenen entdeckt werden. Unterschiedliche Auffassungen kursieren, unterschiedliche Ideale, unterschiedliche moralische Grundsätze. Unterschiedliche Zeitungen und Zeitschriften werden in beiden Haushalten abonniert. Unterschiedliche kulturelle Präferenzen – bei Musik, Literatur oder Kino – bestehen. Petra, Jochens Mutter, wird nunmehr in anderen Kontexten wahrgenommen, und Georg, der Stiefvater, ist anders und fremd.

Der Fremde wird vertraut

Matthias fährt zur Schule. Er hat sein Fahrrad aus der Garage geholt, den Ständer aufgeklappt; er packt seine Aktentasche auf den Gepäckträger. Georg schaut ihm zu. Matthias schwingt sich schließlich auf sein Rad, winkt freundlich zurück und ruft Georg zu: »Dann bis morgen!« Sie sehen sich am Abend wieder, geht Georg durch den Kopf; so ist es vereinbart. Matthias hat sich versprochen, resümiert Georg für sich. Was hat die Fehlleistung zu bedeuten? Sigmund Freud verstand sie als Produkt eines Konflikts zwischen einer gut gemeinten Absicht und einem unerfreulichen kränkenden (nicht bewussten) Impuls. Freuds Begriff der Fehlleistung, gewissermaßen das tägliche Stolpern im Alltag, ist aus der Perspektive der bewussten Absicht formuliert: Mir gelingt nicht, sie auszusprechen, eine andere Intention drängt sich dazwischen, und ich muss mich für sie schämen, weil ich sie nicht zu kontrollieren vermochte – wie eine Blähung, welche mich dem Gespött der anderen aussetzt. Georg ist gekränkt – Matthias hat seinen eliminatorischen Impuls ihm gegenüber ausgesprochen. Georg hadert: Dieses Leben in der Patchwork-Familie ist eine Strapaze. Beruhigen wir Georg.

Denn Matthias, dem der Abschiedsgruß misslang, ist mit ihm als dem *Fremden*, der anders ist, beschäftigt: Der Stiefvater ist die sperrige Repräsentanz der Differenz – heute, in der Patchwork-Familie, ist es anders als früher in der alten Familie. Heute kommt Matthias nicht so gern nach Hause, heute ist es häufig spannungsvoll, beschwerlich; kein einfacher, kein unbefangener Umgang miteinander. Matthias wird gezwungen, sich auf die Differenz zwischen seiner alten familiären und seiner jetzigen Patchwork-Umwelt einzustellen.

»Du stehst immer so auf dem Sprung«

Abendessen in der Patchwork-Familie. Diskussion über das Fernsehen. Jochen kann den Politiker, Herrn Sowieso, nicht »leiden«, Alfred Biolek, den *Talkmaster* des Westdeutschen Rundfunks, findet er dagegen »sympathisch«. Georg ist bei einem seiner Lieblingsthemen angelangt: wie die öffentlichen Bilder, die im Fernsehen kursieren, für bare Münze genommen werden. Georg kommt in Fahrt, er doziert – mit stechendem Zeigefinger, dieser Geste des terrorisierenden Überzeugens: »Du musst einen Politiker daran messen, was er tut, welche Gesetze er zuwege bringt, was er verspricht und was er einhält. Ob du ihn magst oder nicht, ist unerheblich.« Julia, die Jüngste, Petras und Georgs gemeinsames Kind, interveniert: »Ihr sollt euch nicht so streiten! Das mag ich nicht!« Georg beruhigt seine Tochter: »Komm. Ab und zu müssen wir uns streiten. Ist doch nicht schlimm!« Julia ist nicht zufrieden. Sie spürt: Etwas stimmt nicht mit ihrem Vater.

Georg setzt sein Referat fort: »Hör mal. Bioleks sympathische Seite ist Inszenierung. Die wollen uns für dumm verkaufen – dass man nicht mitkriegt, wie das alles geschaukelt ist. Diese Illusion eines Gesprächs, die einem da verkauft wird. Ist doch nicht auszuhalten!« Georg, einmal in Schwung, ist schwer zu bremsen. Vor allem sein Tonfall ist für Petra schwer zu ertragen: Georg missioniert und argumentiert Jochen in die Defensive, der vor den verbalen Schlägen seines Stiefvaters zurückweicht. Es existiert kein Raum für den gelassenen Austausch der Argumente.

Georg wundert sich bei diesen Gesprächen, bei denen mehr bei ihm ausbricht als er diskutiert, immer wieder über sich selbst: Wieso gerätst du so in Rage?, fragt er sich. Jochen gibt ihm darauf regelmäßig eine Antwort: *Bei mir stehst du immer so auf dem Sprung.* Georg gibt ihm recht: *Das stimmt. Ich weiß nicht, was mich so treibt. Ich mache es dir schwer. Du bist so schrecklich anders.*

Das ist ein Aspekt. Georg müsste über Jochens Beschreibung weiter nachdenken: *Bei mir stehst du immer so auf dem Sprung.* Man kann die Beschreibung wörtlich nehmen: Jemand, der auf dem Sprung steht, will etwas. Was will er? Kämpfen, vertreiben, in die Flucht schlagen? Das ist das Problem in Patchwork-Familien: das Ringen um die erträgliche Lebensform und das Aushalten des Impulses, die Lebensform der Patchwork-Familie zu beseitigen und zur alten Lebensform zurückzukehren.

Aber Jochen macht einen Fortschritt: Er riskiert es, seine Empfindung auszusprechen, seine Wahrheit zu sagen. Die Beziehung seines Stiefvaters zu ihm, spürt er, ist befangen; er empfindet Georg als gereizt, überkritisch, als stünde viel auf dem Spiel. Er versteht seinen Stiefvater nicht. Er ist ihm unheimlich (manchmal), fremd (oft). Jochen wird auf strapaziöse Weise gezwungen, das Anderssein seines Stiefvaters wahrzunehmen. Georg ist anders als sein Vater. Früher, als er Georg kennenlernte und nicht glauben konnte, dass Mutter und Vater sich endgültig trennen würden, war Jochen darauf erpicht, Gemeinsamkeiten zwischen seinem Vater und Georg herauszufinden. Er war erstaunt, als er entdeckte, dass sein Vater und sein Stiefvater die gleiche Zigarillo-Marke rauchten. Jetzt sieht er die Unterschiede, die er auch zu beschreiben wagt.

Unterschiede zu markieren, erfordert eine Anstrengung. Wenn man in einem Gespräch, bei welchem sich die Diskutanten darüber einig sind, dass der Kinofilm von eben das Allerletzte ist, eine gegenteilige Auffassung äußert, legt man sich zum heimeligen Konsens quer: man vereinsamt, man riskiert viel. Donald Winnicott hat die Fähigkeit, in Gegenwart anderer allein sein zu können und sich nicht in die Unterdrückung der eigenen Lebendigkeit zu fügen, als einen wichtigen Entwicklungsfortschritt bezeichnet.[6] Es fällt oft schwer, sich Freunden, Angehörigen, Bekannten und Kollegen gegenüber zu behaupten, weil man fürchtet, sie mit dem eigenen Anderssein zu verletzen; so werden oft Einfälle, Impulse, Gedanken weggefiltert, von denen man vermutet, dass sie zur Situation nicht passen. Allein in Gegenwart anderer sein zu können, das war Winnicotts Idee, bedeutet über einen inneren Bewegungsspielraum zu verfügen und im Kontakt mit der eigenen Lebendigkeit zu bleiben.

Psychoanalytisch orientierte Psychotherapie fordert, in Gegenwart eines Fremden die eigene innere Welt – Einfälle, Fantasien, Gedanken, Erinnerungen und Träume – zu versprachlichen. Das sprechende Beschreiben, das war Sigmund Freuds Einsicht in die zentrale Bedeutung der Sprache, vergrößert den inneren Bewegungsspielraum – das Aussprechen verschafft Luft, und das Ausgesprochene ist greifbar. Jochen beschreibt Georg seinen Eindruck: *Du bist immer so auf dem Sprung.* Er ist mutig; er traut sich, seine Wahrheit zu sagen. Und Georg kann diesen Satz aufnehmen, überprüfen und wie einen Spiegel benutzen. Georg erkennt sich wieder. Ein Austausch hat stattgefunden. Jochen ist gegenüber Georg gewachsen. Der Clinch zwischen ihm und seinem Stiefvater lockert sich; ein Raum entsteht zwischen ihnen.

Es kann gelacht werden

Tage später beim Abendessen. Das Gespräch plätschert so dahin. Georg duckt sich über seinen Teller; er ist abwesend. Die Geschichten seiner Stiefsöhne interessieren ihn nicht – dieses ewige schulische Gezänk über ein Gymnasium, bei welchem ständig der Unterricht ausfällt, über einen Unterricht, der Jochen langweilt, und eine Schülerzeitung, die miserabel ist. Jetzt richtet sich Georg auf: »Wie wär's denn, wenn du mal was Interessantes zum Unterricht beiträgst? Und was ist aus deinem Plan geworden, für die Schülerzeitung zu schreiben? Das finde ich eine demokratische Selbstverständlichkeit, dass man seinen Kopf ab und zu zum Fenster rausstreckt.«

Wieder ein Vortrag von Georg zu den Grundsätzen menschlicher, demokratisch verfasster Existenz. Petra schneidet Grimassen. Jochen bemerkt: »Was bist du so grantig?« Georg dementiert sofort: »Ich bin doch gar nicht grantig!«

Einige Momente später. Jochens Vermutung hat Raum zum Nachdenken geschaffen. Georg räumt ein: »Stimmt.« Jochen setzt nach: »Du sagst auch immer dasselbe.« Georg: »*Ich weiß es nicht!*« Er schüttelt sich wie ein nasser Hund, der die Wassertropfen aus seinem Fell herausschleudert. »*Ich bin nicht so schlau.* Wenn ich schlau wäre, säße ich nicht hier.« Petra, Jochen und Matthias lachen seine Verbitterung weg: »Hoh, Hoh, Hoh.« Fröhlich stimmt Julia in den Chor ein: »Du bist dumm, Papa.« »Da hast du richtig recht, liebe Tochter.«

Einige Minuten später. Jochen erzählt von seiner Auseinandersetzung mit seinem Vater, der ihm jetzt, wenn er, Jochen, ihm widerspräche, vorhalten würde, das sei doch die Munition, welche die Stieffamilie ihm liefern würde. Georg schweigt. Er registriert, wie Jochen sich zu behaupten begonnen hat. Sollten die dauernden Querelen, fragt er sich im Stillen, dieser mühselige Austausch, Wirkungen haben?

Markieren einer Differenz

Matthias hat auf Drängen seines Vaters einen Termin zu einer Arzt-Konsultation vereinbart. Den Termin hatte er mit seinem Vater, nicht mit Petra, seiner Mutter, abgestimmt. Am Tag des Arztbesuches ruft Matthias seine Mutter an, ob sie ihn nicht zu dem Termin fahren könnte, sein Vater habe ihm abgesagt. Der Arztbesuch ist nicht dringend, überlegt Petra, und Matthias soll realisieren, dass sie nicht wie früher auf Abruf zur Verfügung steht. Petra zwingt ihren Sohn, den Unterschied zwischen früher und heute wahrzunehmen und sich darauf einzustellen. Es gibt den alten, vierköpfigen Haushalt nicht mehr; sie ergänzt nicht mehr fraglos und umstandslos die ehemals gemeinsamen elterlichen Funktionen; sie lebt in einem anderen familiären Kontext. Matthias muffelt; er protestiert sprachlos; er sieht nicht richtig ein, was seine Mutter von ihm verlangt. Er verabredet sich mit seinem Vater erneut und organisiert mit ihm die Fahrt zum Arzt.

Einige Tage später.

Matthias, der gerade drei Tage bei seinem Vater war, kommt vorbei. Er hat Musikunterricht und benötigt sein Instrument. Er ist ärgerlich. Petra spürt: Ihr Sohn hadert mit der Trennung. Matthias spricht nicht über seine offenbar spannungsvolle Verfassung. Er bleibt für ein paar Minuten und radelt zu seiner Musikstunde. Er ringt mit der Realität seiner veränderten Lebenssituation.

Die Patchwork-Familie formiert sich

Von Sigmund Freud gibt es eine ganz geläufige, undramatische Geschichte: Im Alter von 60 Jahren traf er auf der Straße seinen Gymnasiallehrer wieder, der ihm wie selbstverständlich auftrug, einen Gedenkvortrag für seine alte Schule zu halten. Später wunderte er sich über seine Bereitwilligkeit, den Vortrag auszuarbeiten. Freud erklärte die Macht seines Lehrers mit dem adoleszenten Prozess sich überlagernder Identifikationen. Wenn die Jungen am Beginn ihrer Pubertät, ernüchtert über ihre Väter, die sich nicht als so großartig erweisen wie sie dachten, deren Idealisierung relativieren, wenden sie sich ihren Lehrern zu und nehmen sie als willkommene Vorbilder in ihre innere Welten auf[7]. Mit den Lehrer-Identifikationen lassen sich die eigenen Väter dann gut bekämpfen: *Hör' mal, unser Lehrer hat aber gesagt, dass … Das hast du aber ganz anders gesagt!*

Die Väter sind gut beraten, die Identifikationen ihrer Kinder (mit den Lehrerinnen und Lehrern) nicht zu bekämpfen, sondern ihnen zu überlassen (so gut es geht), selbst herauszufinden, welche neue Identifikationen tragfähig sind und integriert werden können mit den alten Identifikationen. So gelangen die Heranwachsenden zu eigenen Orientierungen (Idealen, Lebensentwürfen und eigener Moral), erweitern ihr Beziehungsnetz und bewegen sich langsam aus der Welt der eigenen familiären vier Wände heraus. »Draußen« wird es zunehmend interessant.

Gelingt das auch in einer Patchwork-Familie? Sigmund Freud nannte das Denken ein »Probehandeln«.[8] Man kann auch von probierenden Internalisierungen und Identifikationen sprechen: In einem allmählichen, Jahre dauernden Prozess testen die Heranwachsenden die Perspektiven und Beziehungsmuster ihrer Eltern und Stiefeltern, halten sie wie Blaupausen gegeneinander und gelangen zu eigenen Überzeugungen und Annahmen, was die Eltern auseinander- und die Stiefeltern zusammenbrachte, was die Eltern und Stiefeltern an Orientierungen zu bieten haben. Idealisierungen der elterlichen und stiefelterlichen Vorbilder werden relativiert, aufgegeben und modifiziert. Dieser bewusste und nicht bewusste Prozess seelischer Strukturbildung, Grundlage für das Gefühl von Identität, wer man ist und wer man zu sein beabsichtigt, formiert sich unter dem Einfluss der familiären Systeme.

Der Stiefvater wird entdeckt

Matthias hat einen Band mit Gedichten von Rainer Maria Rilke erworben. Er zeigt seinem Stiefvater seinen Kauf. Georg freut sich. Er registriert, dass Matthias auf seine literarischen Interessen eingegangen ist; Matthias hat offenbar etwas von ihm aufgenommen. Georg hatte seit einiger Zeit beobachtet, wie Matthias in einem Periodikum für Literatur, welches sechsmal im Jahr erscheint, zu lesen begonnen hatte. Matthias und Georg tauschen sich kurz über den Autor aus. Georg kennt sich in dessen Werk nicht aus – Matthias hat sich weit mehr mit ihm beschäftigt als er. Sie erörtern ihre Gemeinsamkeit und ihre Differenz. Sie sind zufrieden mit ihrem Austausch. Die gegenseitige Befangenheit ist für Augenblicke etwas gemildert.

Einige Tage später.

Jochen sucht seinen Stiefvater in dessen Arbeitszimmer auf; er bittet ihn um das Videoband mit der Aufzeichnung der Diskussionsrunde, in welcher ein österreichischer Politiker von vier westdeutschen Publizisten zu seinen politischen Auffassungen interviewt wurde (ein aufschlussreiches Dokument für das Geschäft mit der Einschaltquote und für die Selbstüberschätzung mancher Fernsehleute, mit dem Tribunal einer sogenannten »Talkshow« zur politischen Aufklärung beitragen zu können). Georg ist überrascht; mit Jochens Interesse hatte er nicht gerechnet. Vielleicht kommen sie doch noch dazu, was er sich oft gewünscht hatte, denkt Georg, sich gemeinsam einmal eine solche Sendung, vielleicht einige Sequenzen mehrmals, genau anzuschauen.

Leben mit der Patchwork-Familie: ein Fazit wird gezogen

An einem Winterabend im Wohnzimmer. Die Patchwork-Familie lebt jetzt fast vier Jahre zusammen. Man hat zu Abend gegessen und sitzt noch in der Runde am Esstisch. Matthias hat seine Freundin, die er jetzt über ein Jahr lang kennt, eingeladen. »Sag' mal«, fragt er Georg, »hast du etwas dagegen, wenn ich die meiste Zeit bei euch wohne? Ich bin dieses Hin und Her leid.« Georg stimmt sofort zu. Er hatte schon seit Längerem gedacht, dass es für die beiden Jungen *einfacher* wäre, würden sie nicht mehr zwischen den beiden Haushalten pendeln müssen – und vor allem, hatte er überlegt, würde es für ihn einfacher sein, sich auf Matthias und Jochen einzustellen: nicht mehr diese Wechsel zwischen der Ein-Kind-Familie (Petra, Julia und er) und der Patchwork-Familie (mit Jochen und Matthias) und diese kurzfristigen Rhythmuswechsel, welche ihn stets störten. Petra ist glücklich; vielleicht kehrt jetzt Ruhe in die Familie ein, denkt sie. Jochen, der aufmerksam zugehört hat, schließt sich seinem älteren Bruder an. Matthias springt auf und rennt zum Kühlschrank und kommt mit ein paar Flaschen Bier zurück: »Kommt, darauf stoßen wir an!«

5. Zwischen den Stühlen:
Die Mutter in der Patchwork-Familie

Kompliziertes Beziehungsmanagement

»Habt ihr das mit Papa schon abgesprochen?«, fragt Petra ihre beiden Söhne, Matthias und Jochen, die am Abend eine Diskothek aufsuchen und, weil der Heimweg für sie kurz ist, bei ihrem Vater im Nachbarort übernachten wollen. Georg, der Stiefvater, schaut und hört zu. *Habt ihr das mit Papa abgesprochen?* – eine beiläufig klingende Frage – ist das Resultat eines komplizierten Beziehungsmanagements: Die Mutter spricht zu ihren Söhnen über deren Vater in Gegenwart ihres Mannes, der der Stiefvater ihrer Söhne ist. Zu vier Personen muss die Mutter gleichzeitig die Beziehungen halten: zu Matthias und Jochen, zu dem abwesenden Vater und zu Georg, dem anwesenden Stiefvater. Matthias und Jochen hören, wie ihre Mutter in Georgs Gegenwart von ihrem Vater spricht. Georg registriert, wie seine Frau über ihren geschiedenen Mann in Gegenwart von Matthias und Jochen spricht. Es ist einer der vielen täglichen Tests für Petras Integrität und Beziehungsfähigkeit: Spricht sie anders, wenn sie allein mit Matthias und Jochen ist oder wenn Georg dabei ist?

Petra balanciert das Beziehungsgefüge aus. Der *Papa*, an den sie ihre Söhne erinnert, ist die Anrede *vor* der Scheidung, als die alte Familie noch bestand – die vertraute Form, mit der Petra keinen deutlichen Unterschied zur heutigen familiären Form macht. Vielleicht möchte sie Matthias und Jochen darauf nicht aufmerksam machen, weil die Gegenwart für die beiden schmerzlich ist; vielleicht ist sie von ihrem ersten Mann innerlich noch nicht getrennt; vielleicht ist sie unsicher und weiß nicht, wie sie ihren jetzigen Mann einbeziehen kann in das komplizierte Beziehungsgefüge. So wendet sie sich ihren Söhnen zu und schließt Georg, ihren Mann, für einen Moment aus.

Variieren wir Petras Frage. *Habt ihr euch mit eurem Erzeuger abgesprochen?*, wäre die Frage, die einen deutlichen Unterschied macht, weil damit Partei ergriffen wird: gegen den geschiedenen Vater, mit dem Petra nichts mehr zu tun haben möchte, und für ihren jetzigen Mann, Georg; gleichzeitig zwingt sie ihre Söhne, ebenfalls Partei zu ergreifen. Vielleicht möchte Petra mit ihrem geschiedenen Mann, den sie innerlich bekämpft und so an ihm festhält, offene Rechnungen begleichen, indem sie ihre Söhne gegen ihn aufbringt. Vielleicht möchte sie auch besonders solidarisch gegenüber Georg sein, von dem sie weiß, dass er mit der gegenwärtigen familiären Lebensform unglücklich ist. Jetzt schließt sie den abwesenden Vater aus und bringt ihre Söhne in eine prekäre Lage gegenüber ihren eigenen Vater und verstärkt deren Ambivalenz gegenüber dem Stiefvater.

Habt ihr das mit eurem Vater abgesprochen?, wäre die Frage, die einen Unterschied zwischen der vergangenen (aber noch aktuellen) und der gegenwärtigen familiären Lebensform macht: Petra markiert die Trennung – ihren Söhnen und ihrem Mann gegenüber und zugleich hält sie den Vater von Matthias und Jochen auf Distanz, ohne ihn auszuschließen.

Für diese kurze Frage an Matthias und Jochen, wie sie ihre Übernachtung regeln wollen, muss Petra die empfindliche Balance in ihrem Beziehungsgefüge austarieren: 1. die Beziehung zu ihren Söhnen halten, ohne die Identifizierungen und Idealisierungen des Vaters zu bekämpfen, wenn sie als Heranwachsende ihrem Vater zu gleichen scheinen; 2. sie mit der Realität der Trennung vertraut machen; 3. die Beziehung zu ihrem geschiedenen Mann erhalten, mit dem sie das Sorgerecht teilt, und ihn gleichzeitig in seiner Funktion als Vater zu belassen; 4. die Beziehung zu ihrem jetzigen Mann gestalten, indem sie ihn nicht ausschließt, sondern einbezieht. Petra leistet komplizierte Beziehungsarbeit unter schwierigen Bedingungen. Eine Trennung bedeutet das Ringen mit eigener Schuld. Man ist empfindlich; das schlechte Gewissen meldet sich schnell. Vorwürfe werden schnell herausgehört. Vorwürfe der Kinder, denen die verunsichernde Kompliziertheit ihrer Lebensverhältnisse auf die *Nerven geht*; Vorwürfe ihres Mannes, der sich im Hintertreffen wähnt, weil seine Frau viel zu viel Rücksicht auf die beiden Söhne, die nicht seine Kinder sind, nimmt. Vorwürfe ihrer Eltern, was sie ihren Kindern antut. Vorwürfe der Verwandten, vielleicht der ehemaligen Schwiegereltern, eine Ehe einfach aufzugeben und die Kinder schwierigen Lebensbedingungen auszusetzen. Vorwürfe der Freunde, die mit ihrer Entscheidung nicht einverstanden sind oder sie nicht verstehen.

So ist Petra manchmal gereizt, manchmal unsicher; das schlechte Gewissen lähmt sie, drückt ihre Stimmung. Ihre Lebenswünsche durchzusetzen, erscheint wie ein vergebliches, strapaziöses Ringen zwischen den Stühlen unterschiedlicher, divergierender Loyalitäten, die sich auszuschließen und unmöglich zu integrieren zu sein scheinen.[1]

Zurück zur alten Familie?

Petra sucht Material zu einem wissenschaftlichen Thema. Sie ist überzeugt, dass sie in der Fachzeitschrift, welche ihr geschiedener Mann abonniert hat, fündig werden könnte. Laut denkt sie darüber in Jochens Gegenwart nach. Jochen bietet sich an, in der Zeitschrift seines Vaters nachzusehen. Georg hält das für keine gute Idee. Petra stimmt ihm zu; sie wird in einer Bibliothek recherchieren.

Der Stiefvater muss gepampert werden

Petra sitzt mit Georg in der Küche. Es ist spät abends und die Zeit ihres Austauschs. Sie lassen den Tag Revue passieren. Petra hatte sich über Georg geärgert, der während des Abendessens mit tiefen Stirnfalten sein Essen hinunterschlang; für Matthias und Jochen hatte er nur bissige Bemerkungen übrig, und Julia behandelte er unwirsch. Was war los? Georg legt los: Als er kurz nach Hause kam, lagen im Flur Rucksäcke, Schultaschen, Musikinstrumente der beiden Jungen, der Fernseher lief, die Stereoanlage wimmerte (seine Anlage!), Matthias machte am Wohnzimmertisch (an seinem in England erstandenen, alten Tisch!) Hausaufgaben, und Jochen lag bäuchlings auf dem Teppich und war werweissswomit beschäftigt. Georgs übliche Vorwurfs-Kaskaden. Petra kennt sie. Georg: »Ich halte das nicht mehr aus. Ich bin das leid wie kalte Pappe.«

Petra kocht. Mit Anstrengung antwortet sie spitz: »Was willst du von mir hören?« »Dass du deinen tollen Burschen sagst, dass die sich nicht so ausbreiten. Wenn ich daran denke – schon auf der Heimfahrt kneift sich mir der Magen zusammen.«

Petra kontert: »Armer Mann. Hast du nicht von deiner Großmutter erzählt und dich darüber lustig gemacht, wie die zu deiner Mutter sagte: *Du hast keine Macht über den Jungen. Sag ihm, dass er damit aufhört?* Georg ist entwaffnet. Es reizt ihn, nachzuschieben: »Aber das geht mir hier manchmal auf den Senkel ...« Petra: »Beklag' dich nicht.«

Ein üblicher Dialog an einem gewöhnlichen Abend. Der Abend der seelischen Müllentsorgung. Petra hat mit der Unzufriedenheit ihres Mannes zu kämpfen. Georg kommt ihr wie ein Junge vor, der sich bei ihr ausheult. Hat sie drei oder zwei Jungen? Manchmal schon, denkt sie. Und manchmal, fürchtet sie, drohen diese Auseinandersetzungen über ihre Kräfte zu gehen.

Wieviel Vater braucht die leibliche Mutter?

Es ist sieben Uhr morgens. Matthias verlässt das Haus; er muss zu seiner Zivildienststelle, die vier Kilometer entfernt liegt. Es ist ein ungemütlicher Morgen: regnerisch und kalt. Matthias kommt zurück; er hat seinen Bus verpasst. Was nun? Petra und Georg frühstücken gerade. Georg zuckt mit den Achseln. Matthias steht im Türrahmen und wartet. Petra und Georg verständigen sich, dass sie diese Frage jetzt nicht diskutieren können. »O.k.«, nuschelt Georg widerwillig, »ich fahre dich da hin.«

Die Szene hat natürlich ein Nachspiel. Für diese Episoden hat Georg das Gedächtnis eines Elefanten; er hält nach und vergisst nicht. Am Abend wird der Morgen nachbesprochen. »Wieso kannst du von Matthias nicht verlangen, dass er sich morgens aufs Rad schwingt? Die Strecke ist doch gar nicht lang, und ein gutes Training ist es auch.« Petra schwankt; ihr Mann hat gut reden, sie scheut sich, Matthias das Radfahren abzufordern. »Er kann sich ein Regencape besorgen«, fährt Georg fort, »sich einpacken, und dann kann er bei jedem Wetter fahren. Ich bin auch immer mit dem Rad zur Schule gefahren. Und mein Vater ist bei jedem Wetter mit dem Rad zur Arbeit gefahren. Als er sich dann den Käfer gekauft hatte, da wurde er krank.«

»Das hast du schon x-mal erzählt, ich kann das nicht mehr hören«, beschwert sich Petra, »du schwingst immer Reden.«

»Ja, ja, *immer*«, pickt Georg das Adverb aus Petras Satz heraus. »Wir werden uns nicht einig. Wir sind da unterschiedlicher Meinung«, deklariert Georg.

»Ja, ja, kluger Mann«, spottet Petra.

»Ja, ja, schöne Frau«, spottet Georg zurück.

»S'il te plaît.«

Petra beschäftigt die Auseinandersetzung. Sie zweifelt; sie ist unsicher, ob sie von Matthias genug verlangt. Ihr schlechtes Gewissen regt sich so schnell. Darin, findet sie, unterstützt Georg sie nicht richtig.

Es ist sieben Uhr dreißig. Jochen hat den Bus verpasst. »Ich fahre ihn nicht zur Penne«, sagt Georg, »ich muss heute pünktlich im Dienst sein, und ich bin schon knapp dran.« Was nun? Jochens Fahrrad steht bei seinem Vater; das fällt also aus. Georg ärgert sich gern und schnell: »Wieso kann er nicht dafür sorgen, dass er sein Fahrrad hier hat? Teufel noch mal!« »Ja, Teufel noch mal«, überlegt Petra sarkastisch, »dann nimmt er mein Rad.« »Dein Rad!? Das gute Fahrrad?! Meins hat er neulich kaputt gefahren, und bei deinem alten Fahrrad hat er die Pedale weiß der Teufel wie weggetreten. Wir hatten ausgemacht, dass er dieses Rad nicht fahren kann – das schöne Hollandrad.«

Jochen wartet im Flur, während seine Stiefeltern unterschiedliche Konzepte von Elternschaft in der Küche diskutieren. »Ich gebe ihm mein Rad«, entscheidet sich Petra. »O.k., du bist der Chef«, gibt Georg nach. Wie ich mich drehe und entscheide, sagt sich Petra später im inneren Dialog, es ist irgendwie immer verkehrt und ich kriege ein schlechtes Gewissen. Jochen fährt, und Georg grummelt. Was für eine Familie!, stöhnt Petra in sich hinein.

»Ich werd' noch verrückt«, platzt Georg heraus, »ich habe noch nie erlebt, dass Jochen oder Matthias irgendwann einmal Toilettenpapier nachgelegt hätten; dauernd trage ich denen die Klorollen nach.« Petra nimmt die schlechte Zensur für ungenügende Erziehungsinterventionen entgegen.

»Das möchte ich auch einmal sehen, dass die einmal etwas wegräumen. Dauernd räume ich hinter denen hinterher. Jochen spielt meine Platten, aber stellt sie nicht wieder zurück.«

»Musst du ihm sagen«, sagt Petra.

»Matthias nimmt meine Bücher aus dem Regal und stellt sie nicht wieder zurück.«

»Musst du ihm sagen«, wiederholt Petra.

»Jochen nimmt meine Lexika zu sich in sein Zimmer und bringt sie nicht wieder in mein Arbeitszimmer.«

»Musst du ihm sagen«, wiederholt Petra.

»Tue ich jetzt auch«, trotzt Georg zurück.

Er sagt es ihnen. Matthias und Jochen halten sich daran. Fast immer – Georg ist so schnell nicht zufriedenzustellen.

»Findest du das in Ordnung«, geht Georg seine Frau an, »dass Jochens Zimmer so aussieht, als sei da einer völlig ausgeflippt?«

»Nein.«

»Ja, und?«

»Wie: Ja, und?«

»Sollen wir ihm das nicht auch sagen, dass wir darauf bestehen, dass er sein Zimmer in Ordnung hält? Du bist doch nicht sein Zimmermädchen.«

»Du willst ihn rausekeln«, sagt Petra Georg auf den Kopf zu.

»Ja. Stimmt«, antwortet er wie aus der Pistole geschossen. »Und es stimmt auch wieder nicht. Ach was. Wir werden uns nicht einig.«

»Ja, kluger Mann«, spottet Petra.

»Yes, ma'am«, gibt Georg zurück.

›Was ist richtig?‹, überlegt Petra. Schlägt sie den Kurs ein, welchen Georg propagiert, fürchtet sie, ihre Söhne zu vergraulen, die sie jetzt nicht ausziehen lassen möchte. Ihre Schuldgefühle würde sie nicht ertragen. Folgt sie ihrem Gefühl, bringt sie ihren Mann gegen sich auf. Es ist vertrackt, denkt sie; der Stiefvater ist kein Vater; er blickt von weitem zu – wie ein Geier, findet sie manchmal – und beobachtet und wartet auf den Moment, an dem er auf seine Opfer herunterstürzen kann. Häufig fühlt sie sich in ihrer Anstrengung, Grenzen zu ziehen und Anforderungen zu stellen, unterstützt; aber häufig auch nicht. Sie fragt sich: Wie viel Vater muss sie ihren Söhnen gegenüber sein? Und wie viel Mutter?

Die Mutter findet ihren Stuhl

Matthias trägt Halbschuhe mit grobem Profil. So trägt er schon einmal, wenn er nicht aufpasst, Straßendreck mit seinen Schuhen ins Haus. Petra hat ihn häufig darauf hingewiesen. Georg kommt nach Hause. Er trägt Halbschuhe mit glatten Ledersohlen, an denen der Lehm selten festklebt. Er streift, bevor er das Haus betritt, seine Schuhe stets sorgfältig auf der Fußmatte ab. Georg öffnet die Haustür und sieht auf dem Flurboden große Dreckklumpen. Matthias, vermutet Georg; gar keine Frage. Matthias hat seine Schuhe sorglos in der Flurmitte abgestreift, registriert Georg wie ein Kriminalbeamter, die Schnürsenkel sind noch verknotet. »Meine Güte, was soll aus dem werden«, schüttelt Georg im Selbstgespräch seinen Kopf, »wie der mit seinen Sachen umgeht; nicht zu fassen. Die guten Schuhe. Die verknoteten Schnürsenkel sind doch der kindliche Wunsch, von der Mutter noch immer das Butterbrot geschmiert zu kriegen. Und Petra lässt das durchgehen.« Georg überlegt: »Soll ich den Dreck wegkehren?« Eine Arbeit von ein paar Minuten, schätzt er. Nein, er lässt den Schmutz liegen; soll Petra sehen, wie ihr volljähriger Sohn sich bei uns aufführt.

Petra kommt nach Hause. Georg geht ihr entgegen – gespannt und schadenfroh. »Siehst du das?«, meint er freundlich-tückisch. »Ja, dieser Dreck.« Georg triumphiert: »Das war Matthias.« »Petzer«, sagt Petra.

Einige Tage später. Petra kommt nach Hause und geht sofort in ihr Arbeitszimmer. Sie findet auf ihrem Schreibtisch ihre gewohnte Ordnung nicht vor. »Hat hier jemand gebastelt und nicht aufgeräumt?«, fragt sie laut. Georg, der ihr entgegenging, antwortet: »Das war Matthias.« »Petzer«, sagt Petra.

Petra hat einen spielerischen Interaktionsstil gefunden; sie nimmt Georg, der so gern sauertöpfisch daherkommt, auf den sprichwörtlichen Arm und karikiert ihn, wenn er in seinem selbstgerechten Triumph daherstolziert wie der gute Junge, der sich bei Mutter einschmeichelt.

6. Auf dem Prüfstand: Der Stiefelternteil

Der Stiefvater kränkt und träumt von Rache

»Woody Allen macht doch immer dieselben Filme«, sagt Jochen zu Georg, seinem Stiefvater. Jochen und Georg sprechen übers Kino; Jochen weiß, dass sein Stiefvater Woody Allens Kinofilme mag. Georg vermutet, dass Jochens Kränkungsversuch, den Jochen später zugeben wird, den kunstkritischen Argumenten seines Vaters folgt. Georg spricht seinen Verdacht nicht aus. – *»Zwölf Uhr Mittags«*, sagt Jochen ein wenig später, *»ist der beste Western, den es gibt.«* – *»Das sagen die Deutschlehrer«*, gibt Georg zurück, *»die vom Kino nichts verstehen.«* Eine übliche Rangelei, könnte man meinen. Das ist es auch. Aber es ist mehr: Ein Dritter, Jochens leiblicher Vater, ist, obgleich abwesend, im Gespräch anwesend; denn mit ihm und um ihn wird gestritten, auf sprachlose und indirekte Weise.

Wie kann man jemanden zu treffen versuchen, der abwesend ist? Man kann über ihn klatschen und hoffen oder inszenieren, dass der Klatsch weitergetragen wird und ihn erreicht und kränkt. »Weißt du, Paul, was Hans gestern in der Abteilungskonferenz über dich gesagt hat?«, informiert Ernst seinen Kollegen, wie das Kollegen manchmal eben tun, besorgt, betulich und schadenfroh zugleich. Hans, gehen wir davon aus, dass er seine Bemerkung absichtsvoll gemacht hatte, hatte Ernst richtig eingeschätzt: Ernst ist der Kollege, der Paul den Klatsch andient.

Hier passiert etwas anderes. Jochens entwertendes Urteil über Woody Allen folgt der Auffassung seines Vaters, den er gegen Georg ins Felde führt – wie es die kleinen Jungen tun, um sich gegenseitig auszustechen: »Du, mein Vater hat gesagt, unser *BMW* hat viel mehr PS als euer *Mercedes.«* Georg, im Gegenzug, karikiert *die Deutschlehrer*, weil er hinter der Wertschätzung des Western *Zwölf Uhr Mittags* (*High Noon*; Regie: Fred Zinnemann; USA 1952) wiederum Jochens Vater vermutet. Übrigens würde Georg bei anderer Gelegenheit einräumen, dass dieser US-Streifen mit Gary Cooper gar nicht so schlecht ist. Georg versucht, Jochen zu treffen, indem er eine Vorliebe seines Vaters entwertet und ihn gleichzeitig mit dem Klischee *Deutschlehrer* anrempelt und zur Schießbudenfigur erklärt. Ein Kränkungsversuch über Bande.

Georg, der Stiefvater, hofft, dass Jochen das unsaubere Spiel nicht bemerkt – er würde sich schämen, so wie er jetzt ein schlechtes Gewissen gegenüber Petra hat, der es nicht gefallen würde, dass er Jochen so angeht. Jeder kämpft mit seinen Mitteln, sagt Georg später, als er Petra am Abend davon erzählt, wie er Jochen (nicht zum ersten Mal) schlecht behandelte. Das hast du doch gar nicht nötig, sagt dann Petra. Georg glaubt ihr nicht; er fühlt sich ständig herausgefordert und, da stimmt er Jochen zu, er hat seine aggressiven Impulse häufig buchstäblich entsichert.

»Wieso eigentlich?« fragt Petra Georg. »Na, hör mal«, wirft sich Georg in die Brust wie der amerikanische Schauspieler Robert Mitchum, »das hast du doch neulich mitbekommen: Wie Matthias und Jochen hereinschneiten und so blöde fröhlich riefen: »*Der neue Spielberg ist Mist. Den kannst du dir sparen.*« Sie waren mit ihrem Vater im Kino gewesen und hatten den *Soldaten James Ryan* gesehen. Sie wussten: Ihr Stiefvater mag die Filme von Steven Spielberg (nicht alle), und er mag die USA.

An diesem Abend hatte Georg nichts gesagt; er war sprachlos gewesen vor Zorn und hatte sich wilden Wünschen, wie er mit seinen Stiefsöhnen und deren Vater verfahren würde, könnte er, wie er wollte, hingegeben und sich später beruhigt. Aber diese heftigen Erfahrungen – wenn er mit monströsen Rache-Fantasien auf Kränkungen reagierte – konnte er nicht vergessen; sie waren der Stachel in seinen Erinnerungen. In diesen Augenblicken schämte er sich seiner Rachsucht; er verstand sie nicht.

Georg McClane besucht seine Frau

Georg kommt eine Stunde früher als gewöhnlich von der Arbeit nach Hause. Im Flur begegnet ihm Matthias. Matthias ist überrascht: »Ich hatte gar nicht damit gerechnet, dass du schon nach Hause kommst.« Georg nuschelt heraus, dass ein Termin ausgefallen sei.

Die Bemerkung seines Stiefsohns beschäftigt ihn; es kommt ihm vor, als sei er nicht gern gesehen im eigenen Zuhause – als sei er ein Eindringling, der stört. Zur falschen Zeit am falschen Ort wie Bruce Willis, der als New Yorker Polizeibeamter John McClane in dem als Rauf-und-Schieß-Film erzählten Streifen *Stirb Langsam!* (*Die Hard*; Regie: John McTiernan; USA 1988) seine (von ihm getrennt lebende) Frau in deren kalifornischer Firma bei einer Weihnachtsfeier zur Unzeit überrascht und – wiedergewinnt. Er gehört nicht hierhin, überlegt er voller Sympathie für John McClane. Georg fühlt sich in einem solchen Moment in seinem Haus nicht zu Hause. Plötzlich versteht er John McClane, diesen gereizten Mann, der um seine Frau zu beeindrucken, ein ganzes Firmengebäude zerstört – im Zustand der Rage des Gekränkten.

Der Stiefvater muss immer der Beste sein

Am Küchentisch haben sich zum Abendessen Petra, Georg, Julia und Jochen versammelt. Der Musiklehrer empfahl Jochen vor ein paar Tagen Nikos Kasandsakis, den griechischen Autor, dessen Roman *Alexis Sorba* in den 60er Jahren verfilmt wurde; daraufhin hatte er sich eine weitere Arbeit dieses Autors gekauft. Petra erzählt, wie wichtig dieser Film für sie war und wie er zu dem wurde, was man heute einen »Kultfilm« nennt – einen Lieblingsfilm für ein bestimmtes Publikum, das ihn sich wieder und wieder anschauen kann.

Georg ist nicht sonderlich interessiert; obgleich ein leidenschaftlicher Kinogänger, hat er diesen Film noch nie gesehen; den Streifen hatte er sich damals, gerade weil so viele von ihm schwärmten, nicht angeschaut. Georg ist manchmal ein Snob. Jochen, der kurz die Küche verließ, ist mit einem Band des großen Lexikons, welches im Wohnzimmer eine Regalbreite besetzt – damit es in Streitfragen, die täglich aufkommen, griffbereit ist –, zurückgekommen. Er schlägt den griechischen Autor nach. Er findet ihn nicht. Georg ernüchtert ihn großväterlich: »Diesen Autor wirst du hier nicht drin finden.« »Wieso nicht?!« »Ich habe noch nie von ihm gehört – und ich kenne die wichtigen Autoren einigermaßen und einige unwichtige auch«, schiebt Georg nach. »So, dann kennst du alle Autoren, die hier –«, beginnt Jochen wütend. »Nein, nicht alle – ist doch klar«, gibt Georg defensiv zurück.

»Ah, hier habe ich ihn, ich hatte eine falsche Schreibweise im Kopf«, triumphiert Jochen, »hier ist er.« Er liest vor: »Studierte Rechtswissenschaft in Athen und Philosophie bei Bergson in Paris.« »Bergson« spricht er falsch aus, registriert Georg still. »Ministerialdirektor, nach dem 2. Weltkrieg Minister unter Sofulis, auch Professor der Rechte; unternahm zahlreiche große Reisen, die ihn bis nach Japan und China führten; verbrachte die letzten Lebensjahre in Antibes.« Den Ort spricht er auch falsch aus, moniert Georg stumm wie ein Deutschlehrer, der unbarmherzig die falsch gesetzten Satzzeichen rot anstreicht. »K. gehört auch zu den bedeutendsten Vertretern der neugriechischen Literatur[1].« Punkt für Jochen, Aus für Georg.

»Da habe ich den unterschätzt«, räumt Georg ein, »das hatte ich nicht gedacht. Wie gut, dass wir das Lexikon haben.« Diese Entschuldigung geht ins Leere. Sie verhallt in der Küche. Jochen reagiert nicht auf sie.

Eine fünfminütige Sequenz aus der Patchwork-Familie. Eine weitere Niederlage für Georg. Seine offenbar bornierte Unkenntnis macht ihm nicht zu schaffen; er war auf einem, wie man früher sagte, »humanistischen Gymnasium«, und hatte dort eine tiefe Ambivalenz entwickelt: Er gehörte zu den »Neusprachlern«; er litt darunter, dass die »Altsprachler« das gute Image hatten, sie nicht; die Beschäftigung mit dem Altertum war ihm suspekt. Sein Banausentum lugt eben hier und da hervor, sagt er sich. Nein, was ihn wurmt, ist: dass er Jochen das Interesse für den griechischen Autor aus der Hand zu schlagen versuchte; dass er ihn nicht lassen und dass er nicht einfach schweigen konnte, sondern zuschlagen musste.

»Kennst du *Let's Face The Music And Dance*?«, fragt Jochen seinen Stiefvater und hält eine CD hoch. »Klar«, antwortet Georg, »das ist ein altes Irving Berlin-Lied.« Er kann den Titel der CD nicht erkennen. Er merkt, wie ein Ärger in ihm hochsteigt, und er geniert sich, dass er so reagiert – Jochen präsentiert ihm als seine Entdeckung, was er schon längst entdeckt hat und was Jochen wissen müsste. Ist er deshalb so ärgerlich, weil Jochen sich nicht sonderlich für seine Vorlieben interessiert? Oder muss er immer der Erste sein?, fragt er sich. Vielleicht. Offenbar konkurriert er blitzschnell mit seinem Stiefsohn. Aber ihn wurmt auch, dass sein Stiefsohn nicht aufgenommen hat, was ihn wirklich beschäftigt. Jochen hat ihn häufig verlacht, wenn er seine Vorliebe für den US-Sänger Frank Sinatra beschreiben wollte. Von Frank Sinatra hat er eine Einspielung jenes Liedes, nach dem Jochen ihn fragte. Die damalige Einspielung (aus dem Jahre 1960 mit Frank Sinatra) hatte Johnny Mandel arrangiert – derselbe Arrangeur, liest Georg in der Broschüre, der Jochens CD mit der Sängerin Diane Krall instrumentierte.

»Oh«, sagt Georg, »von Johnny Mandel habe eine Aufnahme mit Frank Sinatra von dem Lied.« »Willst du sie mal hören?«, fragt Jochen seinen Stiefvater. »Ja. Und dann hören wir zum Vergleich die Sinatra-Version.« Es kommt, wie es Georg hätte wissen müssen: Jochen favorisiert seine von ihm entdeckte Aufnahme, Georg findet seine alte Vorliebe besser. Es gibt keine Verständigung. Georg meint: »Die singt richtig gegen die Sinatra-Version an.« Das findet Jochen nicht. Er kann mit dem Eindruck seines Stiefvaters nichts anfangen. Georg realisiert, dass sie in Musikfragen weit auseinanderliegen; es gibt keine Verständigung. Georg, der sich mit seiner Sinatra-Vorliebe schon immer ziemlich allein vorkam, ärgert sich über sich selbst: dass er wieder einmal versuchte, für einen Favoriten zu missionieren; dass er Jochens Entdeckung bestritt. *Man muss och jönne könne*, sagen die Kölner; manchmal scheint ihm das unmöglich zu sein.

Die Musik ist ein mit Kränkungen vermintes Terrain. Georg hat seinem Stiefsohn nicht verziehen, dass Jochen seine Vorliebe für die großen Jazz-Orchester, »Big Band« genannt, als »Kirmesmusik« qualifizierte. Er hat es Jochen nicht vergessen, weil er überzeugt ist, dass Jochen eine Vokabel seines Vaters gegen ihn benutzte; das fand er nicht fair.

Petra und Georg waren im Kino – in der Spätvorstellung. So konnten sie Julia ins Bett bringen, und Jochen hütete in ihrer Abwesenheit das Haus. Nach Mitternacht kommen sie zurück. Jochen empfängt sie an der Haustür. Während Petra den Wagen abschließt, ruft Jochen seinem Stiefvater, der auf das Haus zugeht, zu: »Na, wie war der Film?« Georg, noch mit den Nachwirkungen des verqueren Streifens *American Beauty* beschäftigt, fühlt sich herausgefordert –

als müsste er, auf offener Straße und von Passanten umringt, eine prekäre Aussage machen. »Nicht gut«, meint Georg, »eine grelle Karikatur. Ich mag nicht, wenn ein Autor seine Figuren so zum Auslachen preisgibt.« »Aber die Kritiker waren alle anderer Meinung«, hält Jochen gegen. »Na und?«, grummelt Georg. Er wütet. Er weiß nicht, wohin mit seinem Affekt. Er hadert mit sich: Wieso muss ich jeden Fehdehandschuh aufnehmen?

Der Austausch über Spielfilme ist eine sublime Konkurrenz des Stiefvaters mit dem leiblichen Vater. Jochen muss – in der Interaktion mit seinem Stiefvater – seinen Vater behaupten: Er könnte als sein Vorbild vom Stiefvater relativiert, entwertet, verdrängt werden. Georg muss sich behaupten: Er wird am Vater, den die Kinder ihm aufdrängen, gemessen. Die Kinder wollen wissen, wer der Stiefelternteil ist und worin er sich unterscheidet. Dieser Klärungsprozess ist strapaziös. Es geht natürlich um mehr: um die Frage, wie der abwesende leibliche Elternteil in der Stieffamilie präsent bleiben kann; die Kinder möchten ihn durchsetzen – damit das Elternpaar erhalten bleibt – und den Stiefelternteil wegdrängen, während der Stiefelternteil das entgegengesetzte Interesse hat und den leiblichen Elternteil wegdrängen möchte.

Der Stiefvater ist auch einmal verständnisvoll

Matthias und Jochen streiten sich vor Petra, Georg und Julia. Es geht, auf den ersten Blick, um das Verständnis eines Satzes. Matthias hält Jochen vor, er verstünde ihn zu wörtlich. Matthias ironisiert Jochen, was Jochen gegen Matthias aufbringt. Petra und Georg kennen die Streitigkeiten, die ein Muster haben: Sie sind das Publikum, und gleich sollen sie die Schiedsrichter sein; es ist der Kampf der beiden um das neue Paar. Wer gewinnt? Meistens Matthias. Worüber sich Georg ärgert. »Wieso nimmst du deinen Bruder so wichtig?«, fragt er Jochen. Georg kommt in solchen Momenten Jochen nahe. Und wie so oft läuft der Streit auf die Frage hinaus: »Wieso geratet ihr euch so in die Haare?« Jochen und Matthias schauen sich an; sie wissen nicht, was sie treibt. Georg macht einen Verständnisversuch, den auszusprechen er sich lange überlegt hat:

»Ich glaube, Matthias schämt sich für dich, Jochen; er möchte, dass du hier gut aussiehst.« Ob diese Interpretation etwas bewirkt?, fragt Georg später Petra. Petra meint, ja. Es ist einer jener Momente, in denen Petra mit Georg, dem Stiefvater ihrer Söhne, einverstanden ist.

Der Stiefvater mag von seinem Stiefsohn keine Witze hören

Jochen erzählt gerne Witze. Georg kann das nicht ausstehen; auf Jochens Einlagen reagiert er seltsamerweise – er versteht das nicht – allergisch. Natürlich – wir befinden uns in einer westdeutschen Patchwork-Familie, beginnt wieder eine Grundsatzdiskussion. Georg moniert Jochens Gebrauch des Substantivs *Humor*. Er, sagt Jochen, sehe »Humor«-Sendungen im Fernsehen gern. Georg versteht sie als klamaukige Blödel-Sendungen, in denen irgendjemand verspottet wird und die Schadenfreude dominiert. Mit *Humor*, doziert unser Stiefvater, habe das nichts zu tun. *Humor* sei eine selbstreflexive Fähigkeit, zu sich eine vielleicht ironische, kritische und liebevolle Distanz aufzubringen. »So wie du *Humor* gebrauchst, ist das eine schlechte Lehnübersetzung des englischen *humour*, der die Verfassung meint, in der man steckt. In diesen Sendungen kann man sich doch immer nur über andere ausschütten vor Lachen; für sich selbst hat man nichts davon.« Jochen ist wieder, wie Petra Georg immer wieder sagt, »platt diskutiert« – jedes Gegenargument zwecklos, der Mann hat recht, da rüttelt keiner dran. »Ja, warum kann ich denn nicht meine Meinung sagen?«, protestiert Georg unschuldig, als hätte er gerade zum besten gegeben, dass er Friedrich von Schiller für eine ehrliche Haut hält, Johann Wolfgang von Goethe dagegen nicht. »Na, komm«, entwaffnet ihn Petra. Georg nimmt sich vor, eine andere Tonart anzuschlagen.

Tage später. »Wie wär's mit einem Witz?«, fragt Jochen unternehmungslustig, als wollte er jedem ein Bier eingießen. »O.k.«, schickt sich Georg zu sagen drein und hört ihm zu. Lahmer Beifall. »Weißt du, weshalb ich Witze-Erzählen nicht ausstehen kann?« Die Frage beantwortet Georg sofort selbst und monologisiert über seine Idee, dass der Witze-Erzähler seine Zuhörerschaft zu seinem Publikum mache, das aus einem Dialog ausgesperrt würde. »Ich mag die Billy Wilder-Filme«, meint Georg, »so ein Tempo müssten wir hier auch einmal hinkriegen. Wir sind doch eine Bande von Witzbolden hier, die einzigen in diesem Kaff.«

Jetzt hat er, der sich so oft eingeschränkt vorkommt, überzogen. Petra pfeift Georg zurück: »Du mit deinem Köln – da sind alle aufgeschlossen und humorvoll. Die Kölner. Als seien die so anders.« »Klar, doch, in Köln wohnen die besseren Menschen«, frotzelt Georg zurück. Petra und Georg sind bei ihrem Lieblingsstreit: Lebt es sich besser auf dem Land oder in der (Groß-)Stadt? Die Frage ist längst entschieden: Petra und Georg leben auf dem Land und fahren häufig in die Großstadt. Matthias und Jochen haben ihren Spaß. Julia geht ihren Vater an und unterstützt ihre Mutter: »Du mit deinem Köln, du!« Liebevoll prügelt sie auf ihn ein. Das darf sie. Manchmal geht es in der Patchwork-Familie ganz fröhlich zu.

Kleine Psychologie der Rivalität

Manchmal hat Georg den Verdacht, seine Stiefsöhne seien für ihn das sprichwörtliche *rote Tuch*. Kleinigkeiten reizen ihn, und er weiß nicht, warum: wie Jochen das schnurlose Telefon okkupiert und als erster jeden Anruf zu beantworten sucht; wie Matthias auf die Türklinke schlägt, wenn er eine Tür öffnet, dass es kracht; wie Jochen beim Abendessen weit über den Tisch an ihm vorbei nach dem Salzstreuer greift, anstatt ihn danach zu fragen; wie Matthias, manchmal, ohne ihn zu fragen, wenn er nach Hause kommt, sich gleich ans Klavier setzt und seine klassische Musik zu spielen beginnt; wie beide durchs Haus laufen und mit ihren Fersen donnernd auftreten; wie beide den Sender im Radio wechseln, in der Küche und im Auto, und ihn nicht in die Ausgangsposition zurückstellen; wie sie die Fernbedienungen im Wohnzimmer liegenlassen; wie sie das Außenlicht am Haus nicht ausschalten, wenn sie schlafen gehen – die Anlässe, sich zu ärgern, sind nicht zu zählen. Ist das nicht erstaunlich?

In einer Familie, in welcher die Kinder mit ihren leiblichen Eltern leben, gibt es diese Konfliktpunkte auch. Etwas ist anders. Ein Mundzucken, ein Lidschlag reichen aus, den Puls des anderen gewaltig zu beschleunigen. Würde Georg einem Freund von seinem (fast) chronischen Ärger erzählen, müsste er sich fragen lassen, ob er denn langsam zu einem pathologischen Fall werde. Möglich, dass Georg zustimmen würde. Deshalb spricht er so selten darüber – damit nicht auffällt, wie häufig er zornig ist –, auch mit Petra nicht. Zum Glück muss man sagen – für ihn und seine Familie. Denn er ahnt: Etwas stimmt nicht an seinen heftigen, so blitzschnell auftretenden Affekten.

Die Redewendung vom *roten Tuch* enthält eine Alltagsweisheit. Es wurde vom spanischen Stierkampf abgeleitet, in welchem der *matador* mit seiner *muleta*, so heißt das scharlachrote Tuch, den Stier ins Leere laufen lässt und dabei die Absicht, ihn zu töten, verbirgt. Das Verborgene ist das Entscheidende. Wenn jemand wie ein rotes Tuch auf einen wirkt, kann man sich fragen: Was ist mir verborgen? *Wen sehe ich nicht?*

Wen sieht der Stiefvater nicht, wenn er so heftig auf seine Stiefkinder buchstäblich anspringt? Er realisiert nicht, wie sehr er *hinter* seinen Stiefkindern den abwesenden leiblichen Elternteil vermutet. Ständig, ausgesprochen und unausgesprochen, bewusst und nicht bewusst, ist der Stiefvater (oder die Stiefmutter) mit dem abwesenden Elternteil beschäftigt. Im inneren Dialog spinnt der Stiefelternteil Gelegenheiten aus, bei denen er oder sie – buchstäblich – den leiblichen Elternteil treffen könnte. Diese stillen, gewissermaßen heimlichen Aktivitäten in der eigenen inneren Welt sind einigermaßen bewusst. Schwierig, weil oft nicht bewusst, sind die täglichen Interaktionen. Eine seltsame Doppelbödigkeit besteht, eine Befangenheit. Es ist, als ob man überzeugt ist, dass jemand dauernd mithört, den man nicht sehen kann, in dessen Richtung man aber spricht.

Spricht der Stiefelternteil von seinem Plan, in London eine Tagung zu besuchen, denkt er (oder sie) sogleich an den leiblichen Elternteil und an dessen Kinder, wie sie seine Aktivität aufnehmen. Nicht auszuschließen, dass der Stiefelternteil die Fahrt nach London dazu benutzt, seine Stiefkinder zu beeindrucken: *Seht, was ich kann und was eure Mutter oder euer Vater nicht kann!* Und natürlich fantasiert er auch, dass die Stiefkinder ihre Mutter oder ihren Vater informieren und damit behelligen und kränken.

Es scheint so zu sein, als ob der Stiefelternteil aus dem vermuteten Vergleich – er wird von seinen Stiefkindern ständig mit dem leiblichen Vater verglichen – nicht entrinnen könnte: Was immer er sagt oder tut, der Stiefelternteil befindet sich in einer Konkurrenz mit dem leiblichen Elternteil. Beim Austausch über Spielfilme rivalisiert, wie wir sahen, der Stiefvater über seinen Stiefsohn mit dessen Vater. Das Muster der Rivalität zu verlassen oder sich nicht in ihm zu bewegen, scheint für den Stiefelternteil geradezu unmöglich zu sein.

Es gibt verschiedene Aspekte: Die Kinder müssen in ihrer Interaktion mit dem Stiefvater ihren Elternteil verteidigen: er könnte als Vorbild vom Stiefelternteil relativiert, entwertet, verdrängt werden. Der Stiefelternteil muss sich behaupten: Er wird mit dem leiblichen Elternteil verglichen und an ihm gemessen. Die Kinder wollen wissen, wer ihr Stiefelternteil ist und worin er sich vom leiblichen Elternteil unterscheidet. Dieser Klärungsprozess, die konstruktive Seite der Konkurrenz, ist strapaziös und notwendig.

In der ersten Zeit nach der Konstituierung einer Patchwork-Familie haben die Kinder ein Interesse daran, den leiblichen, abwesenden Elternteil präsent zu halten, damit das Elternpaar erhalten bleibt, und den Stiefelternteil wegzudrängen. Aber dem Stiefelternteil, Stiefmutter oder Stiefvater, wird nicht nur eine Rivalität angetragen, gegen die er (oder sie) sich zu wehren sucht, der Stiefelternteil wünscht sich auch, ihn (oder sie) zu übertrumpfen als der bessere Partner und bessere Vater oder als die bessere Partnerin und bessere Mutter.[2] Der Vergleich wird gesucht, und gleichzeitig gescheut. Eifersucht ist im Spiel, gekränkter Stolz. Der Stiefelternteil schlägt sich mit der quälenden Frage herum: Wie wird aus einem zweiten ein erster Elternteil?

Eifersucht ist die Angst vor dem Vergleich, schrieb Max Frisch.[3] Denn auch wenn der leibliche Elternteil abwesend ist, ist er anwesend, groß, bedrohlich – durch die Kinder, die den Vater oder die Mutter *repräsentieren* in ihrem Aussehen (weil sie ihm oder ihr gleichen), in ihren Identifizierungen (mit ihm oder ihr), in ihren Gesten, die sie (ihm oder ihr) abschauten, in ihrer Moral, in ihren Überzeugungen, Einstellungen, die sie (von ihm oder ihr) übernahmen. Mit dem, was sie von ihm oder ihr erzählen, von deren Plänen und Lebensbewegungen, setzen die Kinder ihren Vater oder ihre Mutter in Beziehung zum entsprechenden Stiefelternteil. Und umgekehrt ist das, was der Stiefvater oder die Stiefmutter tut, sagt, kommentiert, plant, *immer auch bezogen* auf den abwesenden Elternteil.

Aber warum reagiert der Stiefelternteil so schnell so unbarmherzig? *Du bist immer so auf dem Sprung*, sagte der Sohn zu seinem Stiefvater. Es ist nicht nur der Vergleich, welchen der Stiefelternteil sucht und eingeht. Es ist der nicht bewusste Wunsch des Stiefelternteils, den leiblichen Elternteil zu erreichen, zu treffen und zu beseitigen. Der Stiefsohn wird wegen eines, auf den ersten Blick, belanglosen Vergessens – schon wieder das Licht an der Hauswand brennen lassen! – attackiert, aber dessen Vater, der seine Söhne schlecht erzog, ist gemeint. Das *rote Tuch* ist das Bild für eine aggressive Hilflosigkeit – der Stiefelternteil läuft ins Leere; wieder und wieder. Jede verpasste Gelegenheit ist Ansporn für die Suche nach der nächsten Gelegenheit. So entsteht die auf ihre Gelegenheit wartende Unbarmherzigkeit: *Du bist immer so auf dem Sprung.* Was treibt sie an?

Eifersucht, so fasst Hildegard Baumgart Sigmund Freuds Auffassung in einem Satz zusammen, ist die Angst vor der Liebe zum Rivalen.[4] Dem leiblichen Elternteil begegnet der Stiefelternteil mit einer tiefen Ambivalenz: Einerseits ist der Stiefelternteil der aus der früheren Paar- Beziehung Ausgeschlossene; andererseits empfindet er sich als einbezogen.

Ausgeschlossen zu sein, gehört zu den Grundtatsachen des Lebens: Die Eltern zeugen die Kinder; die Kinder konnten ihre Eltern nicht wählen. Ein Verständnis der Generationen-Differenz – hier die Eltern, dort die Kinder – gehört zu den Lebensaufgaben, welche die psychoanalytische Entwicklungspsychologie mit dem Konzept der Ödipalität verbindet. Die Kinder lernen den Unterschied zu ihren Eltern zu begreifen, die sie als (erste) Vorbilder wählen. Die Kinder sehnen sich nach der Liebe ihrer Eltern und zugleich wünschen sie, davon unabhängig und damit selbständig zu werden. Der Kampf der Heranwachsenden gegen ihre Eltern ist auch der Kampf gegen ihre

Zuneigung, die sie an die Eltern bindet. Die oder der Heranwachsende muss die schwierige Balance finden zwischen der Sehnsucht nach dem Zuhause und dem Wunsch, ein eigenes Zuhause zu finden und damit die Eltern hinter sich zu lassen, die keinen Einfluss mehr nehmen sollen auf die eigene Lebensgestaltung.

Stiefelternschaft ringt mit diesem Problem: mit dem Wunsch, den leiblichen Elternteil zu erreichen (ähnlich der frühen Kindheit, als es um den eigenen Vater oder die eigene Mutter ging), um von ihm (oder ihr) wahrgenommen und geschätzt zu werden, und mit dem Impuls, diesen Wunsch zu bekämpfen; mit dem Wunsch nach Anerkennung und mit dem Wunsch, über den, dessen Sympathie man zu gewinnen versucht, zu triumphieren.

In der Patchwork-Familie ist der Stiefelternteil mit dem Paradox der anwesenden Abwesenheit des leiblichen Elternteils konfrontiert. Anders als in der Ursprungsfamilie, als Vater und Mutter als reale Objekte der Auseinandersetzung zur Verfügung standen, ist die Konkurrenz des Stiefelternteils *fantasiert* – unterfüttert mit den Erfahrungen der frühen Auseinandersetzung mit den eigenen Eltern. Es ist die Frage, inwieweit der Stiefelternteil die Wirksamkeit dieser Fantasie in seinen täglichen Interaktionen bemerkt, wie sehr die Konkurrenz indirekt und verschlüsselt über die Kinder ausgetragen wird, die als Vermittler und Übersetzer dieser Rivalitäten fungieren. Die indirekte, undeutliche Konkurrenz ist für den Stiefelternteil aber schwer zu ertragen – er läuft ins Leere; das macht hilflos und wütend und deprimiert. Der abwesende Vater oder die abwesende Mutter kann nur getroffen werden, indem die Kinder angesprochen, verletzt, gekränkt werden hinsichtlich ihres abwesenden Vaters oder ihrer abwesenden Mutter.

Aber die Taktik der wütenden Hilflosigkeit – Identifizierungen und Loyalitäten der Kinder zu erschüttern, um deren Vater oder Mutter zu treffen – hat einen hohen Preis. Die Kinder stellen Integrität und Fairness des Stiefelternteils auf den Prüfstand der Stieffamilie; Fouls können sie schwer ertragen. Fouls machen den Stiefvater oder die Stiefmutter nicht sympathisch. Fouls sind aber offenbar – wie im Mannschaftssport – nicht zu vermeiden. Zu viele Anlässe, zu viele Möglichkeiten, zu hoher affektiver Druck – es ist enorm schwer, sich zu bremsen. Fouls sind, das kennen wir aus dem Sport, glücklicherweise reparabel. Wenn die Regulationen der Patchwork-Familie funktionieren, kriegt der Stiefelternteil die rote Karte und eine Auszeit des Nachdenkens (mit seinem Partner) und kommt wieder zurück, und die familiären Interaktionen gehen weiter.

7. Der Star der Mannschaft: Die Halbschwester

»Ich will nicht, wie du willst«

In der Küche der Patchwork-Familie. Jochen fragt Julia, seine Halbschwester: »Wenn du Lust hast, kann ich dir heute Nachmittag aus dem Buch vom *kleinen Gespenst* vorlesen.« Julia weist ihn ab: »Heute Nachmittag habe ich leider keine Zeit, da bin ich bei Christoph zum Geburtstag.« Jochen, der sich nicht so schnell abweisen lassen will, da es ihm Spaß macht, Julia vorzulesen, setzt nach: »Dann lese ich dir morgen Abend was vor.« Julia bleibt dabei: »Dann ist es viel zu spät.«

Ein kurzer Dialog, ein angestrengtes Bemühen und eine stolze Abweisung. Wenn die Prinzessin nicht will, dann will sie nicht. Sie möchte bestimmen, wann sie etwas vorgelesen bekommt. Sie lässt ihren Halbbruder auflaufen; sie zeigt ihm, dass sie sich behaupten kann; sie hält bei den großen Brüdern, die sie immer wieder vermisst, wenn sie zu ihrem Vater gehen, mit. Die beiden Brüder bringen Leben ins Haus; sie kommen mit ihren Freundinnen, die mit ihr spielen.

»Ich bin stark!«

Julia misst gern ihre Kräfte. »Ich bin stark« ist einer ihrer Lieblingssätze. Ihr Vater muss häufig für ihre Tests herhalten. »Soll ich dir zeigen, wie stark ich bin?« Ihr Vater hat nichts dagegen. Sie holt mit ihrer kleinen Faust zu einer Art Schwinger aus und schlägt sie Georg, so kräftig sie kann, auf die Brust. »Ich bin stark, was?«, erwartet sie vom Vater eine Reaktion des Staunens. Georg lässt sich nicht lumpen; er gibt ihr vorsichtig Recht.

Richtig Spaß macht es Julia, ihre Kräfte an ihren beiden Halbbrüdern auszuprobieren. »Ich kann euch beide hochheben«, behauptet sie. Matthias hält dagegen und übertrumpft sie mit der Ankündigung, ihre zwei Kindergarten-Freunde auf dem einen Arm und sie auf dem anderen Arm tragen zu können. Ein Wettbewerb findet statt. Julia und Matthias übertreffen sich gegenseitig, wie viele Kinder und Erwachsene sie heben können.

Julia klettert auf die Küchenbank zu Jochen, umfasst seinen Hals mit beiden Armen und versucht, ihn hochzuziehen. Erst sträubt sich Jochen, dann gibt er nach und spielt mit – und Julia zieht, während Jochen gekonnt mitgeht, ihren großen Bruder von seinem Sitz hoch. Dann lässt sie ihn los, und Jochen lässt sich auf die Bank zurück-fallen. Julia ist stolz und triumphiert: »Ich bin stark.«

»Lass Jochen in Ruhe!«

Julia mag das Streiten beim Abendessen nicht. Regelmäßig vertei-digt sie ihren Halbbruder gegen ihren Vater wie ein Schiedsrichter, der die Kombattanten auseinanderzieht: »Ihr sollt nicht immer so streiten!« Häufig hat sie Erfolg. Stiefvater und Stiefsohn lassen dann voneinander ab. Georg kommt sich in solchen Momenten beschämt vor – er, der Erwachsene, muss von seiner Tochter zur Ordnung gerufen werden – und erleichtert, dass sich seine Tochter seine Vorbehalte nicht zu eigen gemacht hat. »Ist vielleicht doch nicht so schlecht gelaufen«, sagt er sich und später zu Petra. Die Kluft zwischen den Halbgeschwistern ist gar nicht so groß; sie sind oft solidarisch zueinander.

Manchmal ärgert sich Georg über seine Tochter. Matthias und Jochen kommen am Abend nach Hause. Mit einem lauten »Hallo!« begrüßen sie ihre Halbschwester. Julia reagiert nicht; sie scheint diesen Gruß gar nicht aufgenommen zu haben. Hat sie Jochen und Matthias nicht gehört oder zahlt sie ihnen ihre Abwesenheit, die sie oft stört, zurück? Oft verabschieden sich Jochen und Matthias mit einem (um sie) bemühten »Auf Wiedersehen!«. Georg erinnert dann Julia daran, dass es nicht nett ist, wenn sie darauf nicht rea-giert.

Inzwischen, nach gut zwei Jahren, ist sie die Erste, die ihren Halb-brüdern entgegenläuft, wenn sie an der Haustür klingeln, um ihnen zu öffnen. Wenn sie gehen, winkt sie ihnen lange nach; das lässt sie sich nicht nehmen. Ihre Halbbrüder sind ihre Geschwister.

»Mit euch halte ich mit«

An einem anderen Tag in der Küche. Matthias neckt Julia und nimmt sie auf den sprichwörtlichen Arm. »So kannst du mit deiner Schwester nicht umgehen«, maßregelt sie ihn. Matthias lacht. Seine Halbschwester, gerade fünf Jahre alt geworden, ist ganz schön fix.

Julia ist das Mitglied der Patchwork-Familie, das seine Position am meisten genießt. An den Wechsel zwischen dem Patchwork-System (zu fünft) und dem anderen Familiensystem, für das es keinen Namen gibt (Patchwork-minus-Zwei-System), hat sie sich gewöhnt. Wenn ihre Halbbrüder sich auf das Rad schwingen, um bei ihrem Vater zu leben, steht sie lange in der Haustür und winkt ihnen nach. Da ist sie herzlich. Sie profitiert von der Ambivalenz ihrer Halbbrüder ihr gegenüber, die natürlich mit ihr um die Gunst der Mutter und des Stiefvaters rivalisieren und dabei eher zurückhaltend sind, weil sie ihren Stiefvater, Julias Vater, fürchten, weil sie spüren, dass er auf seine Tochter aufpasst wie ein Luchs.

So hat Julia viel Raum im Patchwork-Gefüge. Sie hat es geschafft, sich mit Matthias zu verständigen, wenn sie im Wohnzimmer ihre Lieblings-TV-Sendung *mit der Maus* sehen und Matthias gleichzeitig Klavier spielen möchte. Sie ist manchmal der Patchwork-Puffer. Am Abendbrottisch sorgt sie, wie sie es in ihrem Kindergarten gelernt hat, dafür, dass die Familienmitglieder sich an die Hand nehmen und ihr zuhören, wie sie zum Essen einlädt: »...wir reichen uns die Hände nach alter Sitt' und wünschen uns zum Abendessen einen guten Appetit.«

8. Der abwesende leibliche Elternteil
Der unsichtbare anwesende Dritte

Bis auf den letzten Gast, der noch erwartet wird, ist die Gesellschaft vollständig. Er ist mit dem Auto unterwegs und hat sich verspätet. Gegen 20.00 Uhr sollte das Abendessen beginnen. Jetzt ist es 21.30 Uhr. Je länger die Anwesenden warten, desto mehr wird dieses Warten zum Mittelpunkt des Gesprächs gemacht, welches allmählich versiegt. Der abwesende Gast ist präsent. Langsam schlägt die Sorge in Ärger um. Die Geselligkeit, der Abend, der Austausch, auf welchen man sich gefreut hatte, bekommen einen Riss. Der abwesende Gast geht einem nicht aus dem Kopf. Es ist, als ob er in einem festsitzt und einen blockiert. Man wehrt sich gegen die sprachlose Okkupation, gegen die man sich dennoch schlecht wehren kann. Das Gespräch wird wieder aufgenommen. Es wird gescherzt. Jemand erzählt einen aggressiven Witz. Die Atmosphäre ist aufgekratzt und leicht gereizt. Jetzt muss der verspätete Gast einen guten Grund für seine Verspätung vorweisen können.

Ein anderes Beispiel aus einer gruppentherapeutischen Sitzung: Ein Gruppenmitglied fehlt, ein Stuhl ist unbesetzt und macht auf die Abwesenheit aufmerksam. Die anderen Mitglieder sind von ihrer Beunruhigung über die Abwesenheit absorbiert; sie sind alarmiert. Ist das abwesende Gruppenmitglied in Not? Hat sie die letzte, recht spannungsvolle Sitzung nicht verkraftet? In die Beunruhigung mischt sich vorsichtiger Zorn. Wenn sie in Not ist, warum ist sie dann nicht erst recht gekommen? Die Gedanken rasen; unmöglich, sie zu unterdrücken. Das abwesende Gruppenmitglied hat die inneren Welten der anderen Mitglieder besetzt, die sich gegen diese Invasion zu wehren versuchen. Die Abwesenheit ist ein stummes Sprechen, welches sie anhören müssen, ohne sich mit der Sprecherin verständigen zu können; sie ist unerreichbar. Der Zorn der Gruppenmitglieder gilt dem möglichen Rückzug oder dem Beziehungsabbruch des abwesenden Mitglieds, das ihnen einen unklaren Vorwurf zu machen scheint. Jetzt muss das abwesende Gruppenmitglied einen einleuchtenden Grund für seine Abwesenheit berichten können.

Schließlich noch ein Beispiel aus unserer Patchwork-Familie. Das schnurlose Telefon piepst seine Melodie. Der Stiefsohn nimmt den Anruf entgegen: »Ja, hi!« Der Anrufer drängt sich ins Gespräch am Tisch. Der Stiefsohn bleibt im Raum. Das Gespräch ist verstummt. Alle am Tisch sind mit der Frage beschäftigt, wer der Anrufer sein könnte. Er muss für die Anwesenden (oder für einen Teil der Anwesenden) wichtig sein, vertraut; sonst hätte der Stiefsohn den Raum verlassen. Gehört der Anrufer zum System der Patchwork-Familie? Es ist *der Vater*.

Er sei am Wochenende verhindert. Er ändert die Besuchsregelung, indem er seinen Sohn einfach informiert. »Ja, gut, dann sind wir eben hier«, verabschiedet sich der Sohn von seinem Vater. Er setzt sich an den Tisch zurück. Betretenes Schweigen. Der Vater ist eingedrungen und hat den Tisch besetzt. Eine seltsame Atmosphäre ist entstanden: Verlegenheit mischt sich mit unklarem Schuldgefühl (der Sohn hat seinem Vater, ohne zu fragen, die Tür geöffnet und ihn hereingelassen) und Ärger. Gereiztes Schweigen. Das Telefonat wirkt nach: die erfahrene Schutzlosigkeit, der Bruch der Verabredung, der Rhythmuswechsel, Gedanken an das veränderte Wochenende. Die merkwürdig gekonnte Inszenierung des Sohns, der seinen Vater in die Mitte des Raumes platziert. Der leibliche Vater ist sehr anwesend.

Anwesende Abwesenheit ist ein geläufiges Beziehungsmuster. Der Jugendliche, der sich von seinen Eltern nicht wahrgenommen fühlt und darüber verzweifelt, verlässt, ohne zu sagen, wohin er geht, sein Zuhause. Er zwingt so seine Eltern, sich mit ihm zu beschäftigen – ihn wahrzunehmen. Der Mann, der mit seiner Alkoholsucht ringt und sich von seiner Frau in seinem Ringen alleingelassen fühlt, verlässt sie, während sie in einem Supermarkt einkauft und er auf dem Parkplatz im Auto auf sie zu warten versprochen hat. Er zwingt sie, an ihn zu denken. Er, der sich vorstellt, wie sie sich um ihn sorgt, fühlt sich ihr ganz nah. Sein Verlassen ist kein Verlassen, sondern eine verdrehte Liebeserklärung an seine Frau. Die anwesende Abwesenheit etabliert eine sprachlose, imaginierte, aggressive Beziehung: Der, der jemanden zu warten zwingt, ist mit dem Wartenden im inneren Dialog – im engen Kontakt, weil er sich ausmalt, wie jemand auf ihn wartet; der Wartende mit dem, der ihn zu warten nötigt. Welche andere, weitere Bedeutung hat diese Art von sprachloser Beziehung noch?

Es geht hier um die Erfahrung des Getrenntseins, der Einsamkeit und des Alleinseins, die vermieden wird. Der Jugendliche hält sich allein in seiner Verzweiflung nicht aus; er rennt davon und erzwingt den tröstenden Kontakt – so wie das Kind, das weinend zur Mutter läuft, um sich trösten und beruhigen zu lassen. Das Beziehungsmuster der anwesenden Abwesenheit erfüllt die Sehnsucht nach großer Nähe zu dem, der vermisst wird. Eine Distanz wird überwunden und eine Zuneigung, die schlecht ausgesprochen werden kann, gelebt.

Genau das ist das Problem der Patchwork-Familie: die Auseinandersetzung mit und die Realisierung der Trennung. Getrennt wurde die alte Familie, die nun in zwei verschiedenen Systemen lebt, der eine leibliche Elternteil dort, der andere hier. Wie trennt man sich? Indem man auseinander und an getrennte Orte zieht? Das ist der erste Schritt der Trennung. Er ist zügig getan. Häufig zügiger, als die Familienmitglieder dies wünschten. Das Beispiel von dem Sohn, der während des Abendessens mit seinem Vater telefoniert und ihn mit an den Tisch der Patchwork-Familie setzt, belegt dessen Sehnsucht nach dem Vater, die tiefe Bindung an ihn und den Wunsch, ihn in das neue System einzubeziehen. Andererseits kann man vermuten, hat der Sohn vielleicht den Wunsch seines Vaters aufgenommen, anwesend zu sein in dem System, aus welchem er ausgeschlossen ist, um sich seiner geschiedenen Frau zu nähern, die vielleicht seine Stimme hört und ihn sich vergegenwärtigt und wieder mit ihm beschäftigt ist.

Normalerweise betritt ein Besucher das Haus durch die Haustür. Das Beziehungsmuster der anwesenden Abwesenheit lehrt: Jemand kann anwesend sein, ohne eingetreten zu sein. Diese symbolische oder imaginierte Anwesenheit wird durch eine sublime, unbewusste Interaktion hergestellt. Das ist das Problem in einer Patchwork-Familie. Wie können die Familienmitglieder mit dieser sprachlosen Interaktionsform umgehen?

In der Patchwork-Familie entsteht eine seltsame Atmosphäre – ein Klima aus Konfusion und Irritation, aus Gereiztheit, Ohnmacht und Ärger über den heimlichen Triumph dieser Invasion. Man ist sprachlos und weiß nicht, warum. Etwas stimmt nicht; aber was es ist, ist schwer auszumachen.

In der Fachliteratur wird dieses Beziehungsmuster als das Problem der unklaren Grenzen beschrieben.[1] Die Patchwork-Familie ist offen für Interaktionen mit dem abwesenden leiblichen Elternteil, der Einfluss nimmt durch das Ausmaß an elterlicher Kooperation, durch die Absprachen, wie die Besuche der Kinder geregelt werden oder durch die Unterhaltszahlungen. Das Problem der Grenzen ist die Folge eines anderen Problems, welches zwei Dimensionen hat:

1. die Beziehungskonstellation zwischen dem Patchwork-System und dem System, in dem der abwesende leibliche Elternteil lebt, ist ungeklärt;
2. die Trennung des Elternpaares ist nicht ausreichend realisiert – sowohl von den Eltern als auch von den Kindern.

James H. Bray, der amerikanische Familienforscher, spricht von der »emotionalen Trennung« des Elternpaares.[2] Gemeint ist die Verarbeitung der mit der Trennung oder Scheidung verbundenen Gefühle von Trauer, Schmerz, Enttäuschung, Kränkung und Wut angesichts einer gescheiterten Lebensgemeinschaft. Trennung bedeutet mehr: das Aushandeln einer neuen Beziehungswirklichkeit. Die geschiedenen Eltern müssen eine neue Beziehungsform zueinander finden: distanziert in ihrer Zuneigung und ihrem Begehren, aber kooperativ in ihrem Bemühen, für ihre Kinder als Eltern zu fungieren. Die Kinder müssen ebenfalls eine andere Beziehungsform zu ihren Eltern finden, um sie künftig nicht mehr als Paar zu sehen und zu erleben.

Die Interaktionsebene der elterlichen Kooperation

Das getrennte Elternpaar muss eine Form des Umgangs (eine Beziehungsform) aushandeln, in welcher die in verschiedenen Systemen lebenden Elternteile im Interesse der Kinder kooperieren. Der Verständigungsprozess über die elterliche Kooperation hat zwei Aspekte.

Er dient einmal der konzeptionellen Klärung (was beabsichtigen wir als getrennte Eltern mit unserer Erziehung?). Zum anderen dient er der Herstellung von *getrennten Beziehungen* (Beziehungen, welche die Trennung realisieren). Kooperieren beide Elternteile, dann arbeiten sie an ihrer Trennung. Kooperieren sie nicht, halten sie an ihrem alten Beziehungsmuster fest – verfangen im Streit oder in ihrer Verweigerung – und vermeiden das Aushandeln von Getrenntsein. Unterläuft der eine Elternteil die Kooperation, indem er sich zurückzieht, sich verweigert, eigene Wege geht oder Vereinbarungen bricht, zwingt er dem anderen Elternteil Interaktionen auf, mit denen man sich wieder annähern und sich als Paar verwickeln kann, weil man sich in dem alten Beziehungskontext bewegt.

Nehmen wir ein Beispiel: Ein bestimmter Rhythmus der Besuchsregelungen wurde vereinbart. Die Regelung wird gebrochen, weil der eine Elternteil, in dessen System die Kinder sich aufhalten sollen, plötzlich nicht zur Verfügung steht. Telefonate zwischen beiden Systemen werden notwendig, Interaktionen, mit denen eine Rechtfertigung und ein Vorwurf kommuniziert werden, kommen in Gang – der abwesende Elternteil ist im anderen System auf einmal wieder sehr anwesend. Die Kinder nehmen den Streit ihrer getrennten Eltern auf, die mit einem Male wieder sehr verbunden sind, in einem vertrauten, negativ getönten Beziehungsmuster, und damit bewegen sie sich ebenfalls in dem alten Beziehungskontext ihrer ehemaligen Familie. Die Interaktionsform der anwesenden Abwesenheit dominiert; eine regressive Beziehungskonstellation stellt sich her, in welcher der Wunsch, den Trennungsprozess aufzuhalten, inszeniert wird.

Die Interaktionsebene der verweigerten Unterhaltszahlungen

Unterhaltungszahlungen sind ein häufiger Streitpunkt. Für Kinder erfolgen »sie zu einem geringen Teil, selbst wenn eine eindeutige Regelung vorliegt. Etwa 40 Prozent der geschiedenen Mütter erhalten gar keine oder unregelmäßige Unterhaltszahlungen«.[3] Geht es um das Geld, welches für den geschiedenen Mann, der, wie der juristische Begriff lautet, »unterhaltspflichtig« ist, nicht hinreicht? »Verlierer sind die Männer« meinte die *SPIEGEL*-Redaktion mit ihrer Titelgeschichte im Jahre 1997[4] über die Scheidungsfolgen für die Familienmitglieder. Aber gewinnt der Vater, der die finanzielle Unterstützung seiner Kinder nicht leistet?

Natürlich nicht. Er agiert in der Interaktionsform der Verweigerung. Er zwingt seine geschiedene Frau, sich ihm wieder zuzuwenden; denn sie muss jetzt dafür sorgen, dass sie zu ihrem Recht kommt. Er zwingt sie, sich mit ihm zu beschäftigen – mit seiner Verzweiflung, Rage, Kränkung, Enttäuschung über eine Trennung, welche zu realisieren er sich offenbar nicht in der Lage sieht; das stille, untergründige Wüten arbeitet in ihm und sucht sich ein Objekt der Rache: die Unterhaltszahlungen.

Er zwingt die Partnerin *in* den alten Beziehungskontext. Die geschiedenen Partner sind auf der Interaktionsebene des Streits nicht geschieden, sondern sich sehr nah. Der Streit ist wie ein Zerren an dem geschiedenen Partner, der wütende Versuch, ihn herauszureißen aus dem neuen familiären System. Im Streit ist der geschiedene, abwesende Partner sehr gegenwärtig.

Geldzahlungen eignen sich als Munition. »Einen besonders böswilligen Sabotageakt«, schrieb James L. Framo, »begeht ein Vater, der den Unterhaltsbeitrag für das Kind (einem Jugendlichen) an diesen selbst schickt und damit das Verhältnis zwischen diesem und der Mutter stört, indem er das Kind in eine Machtposition versetzt und ihm die Möglichkeit gibt, die Mutter zu erpressen«.[5] Dieser Vater tut mehr: Er drängelt sich in das familiäre System seiner geschiedenen Frau, okkupiert die Auseinandersetzung mit ihrem Sohn und drängt sie in den Beziehungskontext vor der Trennung. Dieser Vater macht sich im (für ihn) fremden System sehr bemerkbar. Was James Framo als »Sabotageakt« beschreibt (aus der Sicht auf das Verhältnis zwischen Mutter und Kind), kann man auch als den Versuch verstehen, das andere System zu destabilisieren – und als einen Aufschrei (des abwesenden Elternteils), eine alte Beziehung erhalten zu wollen – *gegen* die Realität der Trennung –; als einen verzweifelten Versuch, einen Fuß in die Tür zum anderen System zu kriegen und das eigene Kind zu bitten, ihn hereinzulassen.[6]

Identifikationen der Kinder – Transparente der Repräsentation der Abwesenheit

Aus ihrer familientherapeutischen Arbeit berichten Wilma Debacher und Thomas Merz folgende dramatische Familiengeschichte: Ein Sohn identifizierte sich so stark mit seinem Vater, dass er in der Patchwork-Familie dessen gescheiterte Schein-Existenz nachlebte. Er belastete die Stieffamilie mit enormen Ausgaben und Schulden, welche der Stiefvater zu begleichen hatte –, »dass niemand in der Patchwork-Familie seinen leiblichen Vater vergessen sollte«.[7] Identifikationen der Kinder mit dem leiblichen Elternteil fungieren im Beziehungskontext der Patchwork-Familie häufig auch als Transparente, um an den abwesenden Elternteil in diesem System zu erinnern – wie große Schilder, auf welche der abwesende Elternteil aufgemalt wurde. Die Tochter übernimmt Auffassungen, Meinungen und Haltungen ihrer Mutter; auf einmal tauscht sie ihre Jeans-Hosen und grellen T-Shirts gegen eine damenhaft-englische Kleidung (ihrer Mutter) aus und beginnt, zum ersten Mal, in der Patchwork-Familie zu kochen; ihre Stiefmutter hat das Zusehen. Der Sohn, wenn man ihn von weitem sieht, wirkt mit seinem Gang und seiner Körperhaltung wie der Zwillingsbruder seines Vaters. Seit einigen Tagen trägt er einen Bart und ist, wie man so schön sagt, seinem Vater wie aus dem Gesicht geschnitten – er präsentiert sich auch wie der Statthalter seines abwesenden Vaters im Patchwork-System.

Die Identifikationen dienen dem seelischen Gleichgewicht der Kinder. Sie leben mit dem einen leiblichen Elternteil und dessen neuem Partner unter einem Dach; zugleich sind sie natürlich auch auf den abwesenden Elternteil bezogen, an den sie denken, sich erinnern, sich nach ihm sehnen, von dem sie tagträumen und den sie verteidigen. So komplettieren sie ihr getrenntes Elternpaar und vertreten den abwesenden Elternteil. So reagieren sie auf die schwierige neue Konstellation, welche von ihnen die Realisierung der Trennung ihrer Eltern und die Anpassung an die andere familiäre Umwelt erfordert. Sie schützen ihre innere Wirklichkeit – im Festhalten am ungetrennten Elternpaar – vor der Wirklichkeit der Patchwork-Familie, von der sie nicht *wissen*, ob sie dort wirklich einen Platz haben oder Gehör für ihre Not finden. Ihre Identifikationen sind ihre sprachlose Rebellion gegen die Veränderung ihrer Lebensverhältnisse.

Kinder sind erfinderisch. Sie nehmen einen Bauklotz und benutzen ihn als eine Lokomotive. Sie spielen und schaffen sich ihre »Übergangsräume«: Räume, in denen sie innere und äußere Wirklichkeit mischen und trennen.[8] Ein Kind, empfahl Winnicott, sollte man nie fragen: »Wo hast du das her, den Klotz als eine Lokomotive zu benutzen?« Die Frage zerstört das Spiel. Sie bremst den kreativen, expansiven Impuls des Kindes. Winnicotts Empfehlung sollte auch im Patchwork-System beherzigt werden. Ein Elternteil der Patchwork-Familie sollte das Kind bzw. die oder den Jugendlichen nicht in das grelle Licht der (vermeintlichen) Aufklärung zerren: »Das hast du aber von Mutter oder Vater abgeschaut!« Eine solche Deutung unterminiert die seelische Balance, denn Identifikationen stärken das psychische Gefüge. Sie irritiert das Selbstgefühl. Sie übersieht, dass das Kind oder die Jugendliche versucht, sich zu schützen. Sich in einer neuen Umwelt einzurichten, fällt ihr oder ihm schwer. Da möchte man keine großen Scheinwerfer auf sich gerichtet sehen.

Kleiner Exkurs zur Psychologie der Trennung

Ein kinderloses Paar geht auseinander

Karin und Peter haben, wie man so sagt, ihre Beziehung beendet. Sie hatten sich auseinandergelebt und waren mehr und mehr ihre eigenen Wege gegangen. Karin hatte sich neu verliebt und wollte mit ihrem neuen Freund zusammenziehen. Sie leben nun in verschiedenen Städten getrennt, nicht weit voneinander entfernt in Essen und in Bochum. Sind sie auch innerlich getrennt? Nein, Peter ist mit Karin beschäftigt, Karin mit Peter. Peter bilanziert seine verpassten Chancen und tagträumt von einer Wiederbegegnung. Er studiert die Fahrpläne, rechnet aus, mit welcher S-Bahn Karin zur Arbeit fahren könnte. Er spielt mit dem Gedanken, sie abzupassen. Karin ist unsicher, ob ihre Beziehung zu ihrem neuen Freund halten wird; Peter war vertraut; es war nicht schlecht mit ihm, resümiert sie manchmal. Aber das sind Gedanken, die ihr nur kurz kommen; sie bemüht sich, nicht an Peter an zu denken. Ihre Trennung wirkt in beiden nach; mit unterschiedlichen Folgen. In seiner inneren Welt ist Peter weiterhin sehr mit Karin verbunden. Er ertappt sich regelmäßig bei dem Impuls, Karin anzurufen.

Die Trennung ist realisiert, wenn das Tagträumen und Erinnern aufhört – wenn Karin und Peter als Objekte (des inneren Dialogs) für Peter und Karin verblassen. Das ist ein langsamer und fragiler Prozess. Nach einem Jahr treffen sich Karin und Peter wieder. Nicht im Bahnhof, sondern in einer Einkaufsstraße. Sie sind elektrisiert, irritiert, beschämt. Es gibt eine Kluft und eine Vertrautheit zugleich. Was ist wirklich? Es hängt von der inneren Distanz, welche Karin und Peter gefunden haben, ab, ob die neue Fremdheit abstößt oder die alte Zuneigung anzieht.

Eine Trennung ist ein komplizierter seelischer Prozess. Karin und Peter müssen nicht nur ihre Beziehungen zueinander verändern, sondern ihr gesamtes Beziehungsnetz: Eltern, Geschwister, Angehörige, Verwandte, Freundinnen und Freunde, Bekannte, Kolleginnen und Kollegen gehören dazu. Zu ihnen verhielten sich Karin und Peter als ein Paar, und sie wurden als ein Paar behandelt. Das ändert sich jetzt. Es beginnt mit der Erläuterung der Trennung. Es folgt die Umgestaltung der Beziehungen. Einladungen, Verabredungen, die Rhythmen der Geselligkeit werden anders ausgehandelt. Der Kontakt zur Herkunftsfamilie, zu den Eltern wird wieder mehr gepflegt. Einige Freunde entfernen sich, Bekannte werden zu Freunden. Die getrennten Partner gestalten ihre eigenen, unabhängigen Beziehungen, die sie ein weiteres Mal modifizieren, wenn sie mit ihren neuen Partnern zusammenleben und als Paar in einem Beziehungsgeflecht leben.

Ein Elternpaar trennt sich

Der Trennungsprozess wird komplexer, wenn es sich um die Beziehungsumgestaltung familiärer Gefüge handelt – wenn Eltern und Kinder und neue Partner der Elternteile ihre Beziehungen zueinander gestalten und umgestalten müssen. Ein langsamer und schwieriger Prozess steht bevor. Dessen Dauer, formulierte der amerikanische Psychoanalytiker Edward Glover als eine Art Faustregel, entspricht dem Alter der aufgegebenen Beziehung.[9] Die Trennung bedeutet, das Interesse – die Zuneigung und das Begehren – an dem getrennten Partner aufzugeben. Sie bedeutet, sich nicht mehr mit den gemeinsamen Erfahrungen und Erinnerungen im inneren Dialog zu beschäftigen.

Erfahrungen und Erinnerungen lassen sich aber nicht einfach aufgeben und unterdrücken oder gar löschen wie der Zugriff zu einer Datei auf der Festplatte eines Rechners – sie kommen und gehen, tauchen in bestimmten Konstellationen auf und beschäftigen den inneren Dialog; wie selbstverständlich wird ihnen tagträumerisch nachgegangen; sie kehren in den Träumen wieder – lange nach der Trennung und nach der Scheidung. Die Intervalle der inneren Beschäftigung mit den Erfahrungen und Erinnerungen werden vielleicht allmählich größer. Manchmal spricht der eine Elternteil seinen neuen Partner mit dem Vornamen des geschiedenen Partners an – eine Fehlleistung, welche andeutet, dass der innere Trennungsprozess fortdauert: Der alte Beziehungskontext schiebt sich in den gegenwärtigen Beziehungskontext. Aber eine Fehlleistung ist auch eine integrative Leistung: die alte, noch existente Beziehungserfahrung – für die Speicherung von Beziehungserfahrungen verfügen wir über eine riesige »Festplatten-Kapazität« – wird mit den aktuellen Erfahrungen synthetisiert.

»Die meisten Erwachsenen«, schreibt das Autoren- und Ehepaar Gertrude und Rubin Blanck, »die nicht nur aus Gründen der Bedürfnisbefriedigung geheiratet haben, haben in ihren Objektbeziehungen eine Stufe erreicht, die ausschließt, dass sie einen Ehegatten so leicht wegwerfen können wie ein altes Kleidungsstück«.[10] Eine Ehegemeinschaft aufzugeben hinterlässt häufig Wunden, die schlecht vernarben: Kränkungen, offene Rechnungen, Verletzungen, Demütigungen. Sie bilden den Bestand an Erinnerungen und Erfahrungen, denen *nach* der Trennung im inneren Dialog nachgegangen wird und die im reparativen Tagträumen und Fantasieren nicht aufgegeben werden: Offene Rechnungen werden in der Fantasie beglichen, Demütigungen zurückgezahlt. So werden die schmerzlichen Kontexte und der geschiedene Partner lebendig gehalten, der damit nicht verlassen wird, sondern gegenwärtig bleibt. Der Prozess der inneren Trennung stockt.

Die Beziehungen des getrennten Elternteils zu seinen Kindern werden kompliziert. Die Kinder repräsentieren die aufgegebenen Liebesbeziehungen ihrer Eltern und verkörpern ihre Eltern. Wenn die Mutter sich (innerlich) von dem Vater trennt, wie gestaltet sie die Beziehung zu ihrem Sohn oder ihrer Tochter, die ihrem Vater gleichen? Wenn der Vater sich von der Mutter trennt, wie gestaltet er seine Beziehungen zu seiner Tochter und seinem Sohn, wenn sie der Mutter gleichen? Die Beziehungen der getrennten Elternteile zu ihren Kindern werden sich ändern. Welche Beziehungsmuster lassen sich beschreiben?

Das Bindungsmuster der exklusiven Beziehung

In diesem Fall fungiert das Kind als Ersatzpartner. Auch wenn der leibliche Elternteil sich an einen neuen Partner bindet – in einer Patchwork-Familie zum Beispiel –, hält dieser sein Kind aus der gemeinsamen Beziehung heraus und versucht damit zu unterbinden, dass das Kind ein eigenes Verhältnis zu dem neuen Partner entwickelt. Der Zugang zu ihm wird blockiert, ebenso der Zugang zum abwesenden leiblichen Elternteil. Damit wird eine Anstrengung, das Kind an sich zu binden, unternommen. Gewissermaßen nur noch den einen Elternteil vor Augen, muss sich das Kind diesem einen Elternteil fügen und seine Identifikationen mit dem anderen, getrennt lebenden Elternteil unterdrücken oder aufgeben. Hier kommt der nicht bewusste, noch bestehende Beziehungswunsch des Elternteils ins Spiel, der vom eigenen Kind die Trennung vom Partner – stellvertretend für sich selbst – fordert, weil man selbst noch nicht wirklich dazu bereit ist. Der rachsüchtige Impuls, den einstigen Partner zu kränken und ihm den Schmerz der Trennung zuzufügen, verdichtet sich in dem Muster des Beziehungsausschlusses.

Vom Ausmaß dieser Bindungsanstrengung (an den einen Elternteil) hängt auch ab, inwieweit Kinder sich fügen und ihren Wunsch unterdrücken, Kontakt zum abwesenden leiblichen Elternteil zu halten oder, nach einer Zeit der Kontaktlosigkeit, wieder aufzunehmen – manchmal verspüren sie dann auch als Heranwachsende nicht mehr den Impuls, herauszufinden, wer der aus ihrem Lebenskontext verschwundene Elternteil ist und was sie verbindet. »Den meisten Kindern«, schreiben Wilma Debacher und Thomas Merz, »erscheint es ausweglos, sich für einen Elternteil entscheiden zu müssen. Für wen ein Kind sich auch immer entscheiden mag, es entscheidet sich damit gegen den anderen Elternteil. Da das Kind den möglichen Beziehungsverlust fürchtet, zeigt es oft Vater und Mutter das erwünschte Verhalten. Das kann sich in Kleinigkeiten äußern wie etwa, dass es beim Vater seine Vorliebe für Toast beim Frühstück betont, bei der Mutter jedoch die Vorliebe für Brötchen. Häufig erklären die Kinder jedem der Eltern, sie würden am liebsten bei ihm wohnen und den anderen gar nicht so oft besuchen wollen«.[11]

Das Ausstoßungsmuster – der Beziehungsabbruch

Helm Stierlin, einer der Pioniere der Familientherapie, hat den Begriff der *Ausstoßung* auf neue Weise interpretiert: als Modus einer Form von Interaktion und Bindung; das Kind, das aus der Familie ausgestoßen wird – weil es beispielsweise als ein »schwarzes Schaf« gilt, das gegen den Erwartungsdruck seiner Eltern rebelliert –, bleibt auf negative Weise an seine Familie gebunden: als »Aufregungslieferant«, wie es Stierlin nennt, der die Eltern mit seinen dissozialen Lebensbewegungen in Atem hält und sie zwingt, an ihm festzuhalten.[12]

In unserem Fall ist mit *Ausstoßung* der Prozess gemeint, dass ein Elternteil das Kind, das beim anderen Elternteil lebt und das er nur noch selten sieht, innerlich aufgibt und verlässt. Man muss dieses Ausstoßungsmuster (aus der eigenen inneren Welt) als den Versuch des einen Elternteils verstehen, die kränkende Wahrnehmung zu vermeiden, dass das eigene Kind den anderen Elternteil repräsentiert (weil es ihm gleicht) und an die offenbar unerträgliche Realität der Trennung erinnert.

Der Beziehungsabbruch ist eine Art aggressiver Rückzug in die eigene innere Welt. Die Trennung wird nicht weiter ausgehandelt, sondern innerlich verkapselt. Der Abbruch ist eine Selbstverletzung. Denn der rachsüchtige Impuls, das getrennte Objekt (den anderen Elternteil) zu erreichen und zu treffen, wird gegen sich *und* gegen das Kind gerichtet. Selbstzweifel beim Kind sind die Folge; der andere Elternteil, der ebenso für die Förderung des Selbstgefühls benötigt wird, fällt aus.

Vermutlich ist dieses Beziehungsmuster, dessen Genese in der unverarbeiteten Trennung besteht, häufig bei Vätern zu beobachten, die sich von ihren Kindern zurückziehen. Etwa 40 bis 60 Prozent der Väter pflegen nach einer Scheidung ihre Beziehung zu ihren Kindern zunehmend weniger und nehmen sie nicht mehr auf. »Bei der überwiegenden Zahl der umgangsberechtigten Väter tritt in den ersten Jahren nach der Scheidung – unabhängig von der vorherigen Intensität des emotionalen Kontakts – eine starke Distanzierung zum Kind ein. Vor allem jüngere Väter sind weniger in der Lage, eine Beziehung zu ihren Kindern aufrechtzuerhalten. Drei Viertel der Männer sahen ihre kleinen Kinder nur noch zweimal im Jahr oder gar nicht. Mit steigender Kinderzahl nehmen die Kontaktabbrüche der Väter besonders stark zu«.[13]

Das ambivalente Beziehungsmuster

Christine Ley und Katharina Bohrer prägten den Satz, »dass wohl Liebespaare getrennt und geschieden, nicht aber Elternpaare vollständig geschieden werden können«.[14] Die Kinder sind auch die Repräsentanten der aufgegebenen Liebesbeziehung. Sie verkörpern die ehemalige Partnerin oder den ehemaligen Partner. Etwas von der getrennten Partnerin oder dem getrennten Partner muss der andere Elternteil in sich als liebenswert erhalten, damit die gemeinsamen Kinder geliebt werden können. So werden die Kinder, nach der Trennung, mit ambivalenten Augen gesehen: Was haben sie von ihm oder ihr und was von mir? Was mag ich, was nicht? Ein komplizierter Prozess der Beziehungsmodifikation beginnt. Die Kinder sind die eigenen Kinder, sicher; aber andererseits jetzt auch fremd; denn sie gleichen dem ehemaligen Partner oder der Partnerin.

Wichtig ist, dass es gelingt, die Ambivalenz zu den eigenen Kindern nicht zu leugnen. Die Identifikationen mit dem getrennten, abwesenden Elternteil werden wahrgenommen, geprüft und integriert. Dies sind die Züge, die ich liebenswert finde, aber mit jenen

Zügen bin ich nicht so einverstanden – dies sind die inneren Operationen, mit denen die Trennung vollzogen und eine andere Beziehungswirklichkeit hergestellt wird. Die Ambivalenz schärft gewissermaßen den Blick des Elternteils, der die Beziehung zu seinem Kind herausdifferenziert aus dem Hintergrund der alten, jetzt allmählich aufgegebenen Beziehung zum geschiedenen Elternteil. So formiert sich auch die Beziehungswirklichkeit des leiblichen Elternteils zu seinen Kindern auf neue Weise.

Die Kinder trennen sich auch – aber wovon?

Von Kindern wird im Prozess der Trennung der Eltern eine paradoxe Modifikation verlangt. Die Eltern sind zwar getrennt, aber sie bilden weiterhin das Elternpaar. Vater lebt hier, Mutter lebt da – dennoch bilden sie eine Einheit: Sie werden von dem Beziehungskontext aus wahrgenommen und erlebt, welcher sich in der Ursprungsfamilie entwickelt hat. Sehen die Kinder ihre Mutter, wird der Vater sofort dazu *imaginiert* und umgekehrt. Kinder sind in der Anfangsphase des Trennungsprozesses stets auf das Eltern*paar* bezogen, auch wenn sie nur mit einem Elternteil zu tun haben.

Es gibt die Wahrnehmung des Getrenntseins und ein imaginiertes, fantasiertes Vereintsein, das ist die Schwierigkeit. Die erste Dimension ist bewusst, die zweite nicht bewusst. Wie können die Kinder die beiden Dimensionen zusammenbringen? Die Kinder erleben nicht mehr die *Interaktionen des alten Elternpaares*, deren tägliche Verständigung über Männlichkeit und Weiblichkeit, über Mütterlichkeit und Väterlichkeit und Elternschaft, sondern sie erleben Vater und Mutter einzeln, was ihre Beziehungen zu ihren Eltern als dem idealisierten Paar verändert.

Der Affekt der Ernüchterung arbeitet in ihnen. Das alte Elternpaar existiert in den täglichen, gemeinsamen Interaktionen nicht mehr. Der Prozess der Identifikation mit den Elternteilen ist unterbrochen. Aber sie können, wenn dieser unbewusste Prozess gut verläuft, ihre alten Beziehungskontexte erweitern und ergänzen, indem sie sich orientieren an den Interaktionen des Stiefelternpaares. Der neue Beziehungskontext überlagert dann den alten; beide werden zu einem Kontext synthetisiert. Der Beziehungskontext, welcher das alte Elternpaar einschließt, tritt in den Hintergrund, der Kontext, der sich auf das Stiefelternpaar bezieht, in den Vordergrund. Es ist ähnlich wie die lange Geschichte von Freundschaften in einem Leben: der beste Freund aus der Grundschulzeit wird abgelöst von dem besten Freund der Gymnasialzeit, der vom besten Freund der Studentenzeit abgelöst wird. Später kehrt man zu ihnen zurück, greift die eine oder andere alte Freundschaft wieder auf und pflegt sie und lebt die Beziehungen zu den Freunden, abwechselnd oder gemeinsam, wie es einem gelingt oder wie es einen drängt, die eigene Beziehungswirklichkeit zu integrieren, weiter. Wenn wir befriedigende Beziehungen unterhalten – und keine traumatisierende oder pathologische Erfahrungen machen müssen –, ist unsere Beziehungsfähigkeit normalerweise elastisch. [15]

9. Das Problem der unklaren Besetzung des väterlichen Amtes

Die amtliche Statistik der Bundesrepublik erfasst nicht die Patchwork-Familien, sondern nur die familiären Gefüge, unabhängig von ihrer Struktur. So liegen für die Zahl von Patchwork- oder Stieffamilien nur Schätzungen vor. Man geht davon aus, dass 10 Prozent aller Familien Patchwork-Familien sind.[1] Davon machen die Stiefmütter-Familien (leiblicher Vater, dessen Kinder und kinderlose Partnerin) den geringsten Anteil aus – in der Studie von Krähenbühl 8,5 Prozent.[2] Die Stiefväter-Familien (leibliche Mutter, deren Kinder und kinderloser Partner) dagegen 36,2 Prozent. Wobei die Paare dieser Familienkonstellationen auch wiederum gemeinsame Kinder auf die Welt bringen, was die Statistik weiter kompliziert. Somit sind die Stiefväter die am häufigsten anzutreffenden, nicht-leiblichen Protagonisten in Patchwork-Familien.

Wir haben in Stiefväter-Patchwork-Familien mit folgendem zentralen strukturellen Problem zu tun: Die väterliche Autorität oder, um mit Pierre Legendre zu sprechen, das väterliche Amt ist umstritten und umkämpft. Wer ist im Patchwork-System der Vater? Der leibliche Vater ist abwesend und spricht aus der Ferne des anderen Familiensystems, der Stiefvater ist anwesend und sprachlos – und eher der Sohn, der mit den Söhnen und Töchtern seiner Frau konkurriert. Der Platz neben der Mutter ist *frei*, merkte Gerhard Amendt an.[3] Man auch sagen: Eine horizontale und eine vertikale Ödipalisierung – die Generationsgrenzen werden porös, weil die Väter zu rivalisierenden Söhnen werden – findet statt im Kontext einer neuen, mehrfachen Rivalität um die Mutter. Dabei droht das vakant gewordene väterliche Amt seine Kontur zu verlieren. Man kann vermuten, dass die inneren Bilder der Kinder vom Vater und von der Mutter, von Männlichkeit und Weiblichkeit, von Mutterschaft und Vaterschaft labilisiert, wenn nicht sogar beschädigt werden. Eine forcierte Ernüchterung und Relativierung dieser

Bilder findet statt – mit der Folge, dass die Kinder einen Rückzug in eine dissoziierte innere Welt, in der die eigenen Eltern zusammengehalten werden, antreten, womit zumindest Entwicklungsverzögerungen verbunden sein dürften, weil der Entwicklungsfortschritt, den die Kinder mit der ödipalen Lebensaufgabe geleistet haben, gefährdet ist.

Die Gefahr ist, dass die beiden Väter sich auf eine unbewusste Rivalität einstimmen und dieses Muster zu verlassen nicht in der Lage sind. Flexibilität weisen deren sublime konkurrierende Interaktionen auf; es ist unklar, welcher Vater zählt – welcher Vater das väterliche Amt ausübt.

Für das Wohlergehen der Kinder und damit für das Überleben der Patchwork-Familie muss diese Frage geklärt werden. Das väterliche Amt füllt der leibliche Vater aus. Der Stiefvater tritt zurück und hält sich zurück. Er hat das Problem, dass er gewissermaßen den ödipalen Verzicht ein zweites Mal leisten muss – was seine Position möglicherweise prekär macht als Vater eigener Kinder und als Mann, der väterliche Funktionen gegenüber seinen nicht-leiblichen Kindern zu übernehmen bereit ist. Er ist der Vater mit dem Nachteil und dem Vorteil des Zweiten – er ist der Mann, der seine expansiven, aggressiven Impulse hemmen muss, weil sie in der Konkurrenz mit dem leiblichen Vater monströs wirken oder sind; er hat den Vorteil, wenn er seinen Impuls zur Rivalität verstanden hat und zu kontrollieren imstande ist, in der Zurückhaltung den freien Platz neben der Mutter in der Patchwork-Familie angemessen und gelassen ausfüllen zu können. Der Stiefvater, besieht man dieses Wort, ist nicht der Nachfolger des leiblichen Vaters, sondern der Repräsentant des vakanten väterlichen Amtes – der Nicht-Vater, der dessen Verwalter ist und dafür sorgt, dass der leibliche Vater seinen Platz behält.[4]

10. Der Stiefelternteil:
Das fünfte Rad am Wagen?

»Fühlen Sie sich wie zu Hause!«

»Haben Sie es gut gefunden?«, wird das Gästepaar von seinem Gastgeber begrüßt. 670 Kilometer Autofahrt liegen hinter ihnen. Sie sind müde und erschöpft. Die Autobahn war an diesem Samstag überfüllt. Sie sind, wie so häufig, wenn sie knapp geplant hatten, zu schnell gefahren. Der dichte Verkehr, der Kampf um die Überholspur und um die Abstände, die ständige Konzentration – sie fahren noch immer. »Prima, dass Sie gekommen sind. Kommen sie rein. Oder wollen wir erst Ihr Gepäck hereinholen? Wir haben das Gästezimmer für Sie vorbereitet.« Sie tragen die Koffer in den ersten Stock. Ihr Zimmer, sie sind Gäste in einem komfortablen Haus, hat ein eigenes Badezimmer, entdecken sie erleichtert. »Fühlen Sie sich wie Hause«, ermuntert sie der Gastgeber, »machen Sie sich erst mal frisch. Wenn Sie sich erholt haben, kommen Sie runter.« Worte wie Balsam für die strapazierten Gäste.

Wenn das in der Patchwork-Familie so einfach wäre: *Fühlen Sie sich wie zu Hause!*

Der Stiefvater kommt nach Hause und geht in das Wohnzimmer – ein kleiner Spaziergang der Erholung durchs eigene Reich. Was sieht er? Seine Stereoanlage eingeschaltet und von der Wand weggezogen – offenbar hat jemand, natürlich einer seiner Stiefsöhne, sagt er sich, an der Rückseite des Verstärkers etwas anschließen wollen und anschließend vergessen, die Geräte an die Wand zurückzuschieben. So lieblos sieht das aus. Seine geliebte Anlage. Er grollt. Er wütet. Er merkt, wie der Ärger seinen Hals zuschnürt und trocken werden lässt. Die Fernbedienung für den CD-Spieler ist auch nicht zu sehen. Am liebsten würde er in die Zimmer der Jungen laufen, sie antreten lassen und ihnen, wie sein Vater mit wütendem Vergnügen sagte, *den Marsch blasen.* Könnte er jetzt Humor aufbringen, würde er Leonard Bernsteins 1957 uraufgeführte *West Side Story* auflegen und den Song *Cool* inhalieren:

Boy, boy, crazy, boy/Get cool boy!/Got a rocket in your pocket/Keep cooly cool, boy! Hätte er theatralisches Talent, würde er die Anlage aufdrehen und *Cool* so lange durchs Haus schallen, bis sich alle im Wohnzimmer versammeln. Dann könnte er mit Hilfe seines Vaters Stiefvater spielen. Oder soll er dem Ganzen ein Ende machen und davonlaufen? Aber bevor er wegläuft, grübelt er, schickt er seine Stiefsöhne zu deren Vater zurück. Aber das würde seine Frau nicht tolerieren. Was nun? Aufgeben? Schweigen?

Können wir dem Stiefvater helfen? Jemand muss ihm sagen, dass sein Ärger, seine Rage, sich in seinem Zuhause nicht zu Hause zu fühlen, eine alltägliche Erfahrung ist in einer Patchwork-Familie, die ihr Zusammenleben auszuhandeln beginnt. Das wird vielleicht unseren Stiefvater etwas beruhigen. Aber wie das mit den statistischen Aussagen über die durchschnittlichen Variationen des Lebens ist – sie trösten etwas, aber sie trösten nicht richtig. *Schön*, wird unser Stiefvater sarkastisch sagen, aber was soll ich *machen*?

»Ein Mann, der sich entschließt, eine Frau mit Kindern zu heiraten«, schreiben Paul Bohannan und Rosemary Erickson, »muss einen Einstieg in eine geschlossene Gruppe finden. Er sieht sich einem Mikrokosmos mit eigenen Gesetzen und Abläufen gegenüber. Mutter und Kinder haben eine gemeinsame Geschichte, an der er keinen Anteil hat«.[1] *Er muss einen Einstieg finden.* Er fängt von vorn an. Nichts ist selbstverständlich. Wir kennen diese Erfahrungen; sie sitzen uns in den Knochen. Wir erinnern uns ungern: an den ersten Tag (und an die darauffolgenden Tage) im Kindergarten, in der Grundschule, im Gymnasium, in der Tanzstunde, im Sportverein, an die erste Verabredung, an die erste Liebesbeziehung, an den ersten Tag in der Fahrstunde, im Studium, in der Ausbildung, am neuen Arbeitsplatz. An das erste Referat in der Schule, im Seminar, vor Kolleginnen und Kolleginnen, vor einer fremden Öffentlichkeit. Die Unsicherheiten nahmen (vielleicht) ab, die Ängste, die Schweißausbrüche, die unruhigen Nächte wurden weniger – aber die Anstrengung blieb: der Anlauf, die Überwindung, die Not, sich in seiner Aufregung auszuhalten; das Gefühl, schrecklich allein zu sein.

»Was soll ich machen? Ich fühle mich nicht zu Hause«

Unser Stiefvater ist verzweifelt. Die Anstrengung, seinen Affekt zu kontrollieren, deprimiert und brennt in ihm. Er könnte heulen vor Wut. Er fühlt sich gelähmt, verklemmt. Er kann seine Wahrheit – wie sehr er verletzt ist – nicht sagen. Seine Frau und seine Kinder würden seinen heftigen Affekt als kleinlich quittieren. Sie haben recht – von außen betrachtet. Es geht doch nur um eine unordentlich verlassene Stereoanlage. Um *seine* Stereoanlage. Sträubt er sich, sie mit seinen Stiefsöhnen zu teilen? Vielleicht. Aber es ist mehr, er spürt es; er kann es nicht sagen. Es gibt Verfassungen, die kann man nicht aussprechen[2]. Die erste leidenschaftliche Verliebtheit ging nicht über seine Lippen. Die Schulfreundin erfuhr seine heftige Zuneigung nie. Damals fehlte in seiner Beziehung der *Raum*, sie geduldig zu beschreiben und zu erörtern.

Im Englischen gibt es das Wort *space*. Es hat viele Bedeutungen; eine ist: das *Weltall*. Es bedeutet auch: *Platz* und *Raum* – Bewegungsspielraum, innerer Raum. Der *innere Raum* ist ein kompliziertes Konzept. Wir assoziieren mit einem Raum den abgeschlossenen Teil eines Gebäudes, vier Wände, eine Decke, die ihn in der Höhe begrenzt. Aber ein innerer (psychischer) Raum? Zwei Menschen, die miteinander sprechen und dabei ihre Beziehung gestalten, schaffen sich einen Raum. Je nach Qualität der Beziehung ist dieser Raum eng oder weit. Die Enge oder Weite hängt von dem Ausmaß des Ausgesprochenen ab; je mehr, desto besser, je weniger, umso schwieriger. So entstehen erfreuliche und unerfreuliche Beziehungen. Unerfreuliche Beziehungen pressen einen zusammen. Das Unaussprechbare muss zurückgehalten werden, eine Spannung macht sich breit, der Wunsch, sich Luft zu verschaffen, wächst. Erfreuliche Beziehungen lassen einen aufleben; man fühlt sich lebendig und wird kreativ und kann durchatmen. Man ist in Kontakt, und man kommt sich näher. Es ist wie ein Tanz, der gelingt. Die gemeinsame Bewegung beschwingt und lockert einen innerlich auf – auf einmal *ist* man beweglich.

In der Psychotherapie hat man Raum – und Zeit. Die Psychotherapeutin, stellen wir uns eine Einzeltherapie vor, hält sich zurück, sie drängt nicht, sie zwingt keine Beziehung auf. Man ist (einigermaßen) frei, die Beziehung zu gestalten. Nicht ganz; man weiß: Die Psychotherapeutin wartet auf die eigenen Interaktionen und Kommunikationen. In der Gruppentherapie hat man ebenfalls Raum und Zeit. Aber es ist anders. Man ist nicht allein. Man muss sich mit den anderen Gruppenmitgliedern abstimmen (Wer spricht zuerst? Wann kann ich sprechen?). Man muss den Raum (die Tanzfläche) betreten (Hier bin ich!), sich exponieren (So bin ich!) und von sich zu erzählen beginnen. In der Gruppentherapie spürt man den Wunsch, wahrgenommen und gemocht zu werden (den heute das Fernsehen mit seinen Rede-Runden ausbeutet), und die Scham, die mit dieser Sehnsucht verknüpft ist. Das Problem ist: Ich muss sprechen, damit die anderen mir zuhören; ich muss sprechen, um meinen Platz zu finden; erst, wenn ich ihn gefunden habe, kann ich mich bewegen.

Die Sprache dient der Verständigung über die Welt. Sie dient aber auch dazu, darauf hat Jacques Lacan, der französische Psychoanalytiker hingewiesen, die »Anwesenheit eines anderen hervorzurufen«[3] – wir möchten jemanden erreichen, damit er (oder sie) uns wahrnimmt. Mit unserem Sprechen gestalten wir die Beziehung zu ihr oder zu ihm, und die Frage dabei ist, wie viel Differenz, wie viel vom eigenen Anderssein ausgesprochen werden kann. Je mehr das gelingt, desto mehr erweitert sich der eigene Bewegungsspielraum in einer Beziehung. Psychotherapie, das war Donald Winnicotts Idee, dient dem Erweitern des Bewegungsspielraums – und nicht so sehr dem Gewinnen von Einsicht (in die eigene Konflikthaftigkeit), wie es die Überzeugung Sigmund Freuds war.

Was haben diese Gedanken mit der Patchwork-Familie zu tun? Der Stiefelternteil hat mit einer Gruppe zu tun (leiblicher Elternteil und dessen Kinder), deren unbewusster Beziehungskontext ihn (oder sie) ausschließt oder ihn (oder sie) zumindest nicht bereitwillig aufnimmt. Der Raum (der Parkettboden zum Tanzen), in welchem er oder sie sich bewegen kann, ist klein, und entsprechend eingeschränkt ist der innere Bewegungsspielraum. Der Stiefelternteil, will er nicht zum Beobachter am Rande der Tanzfläche werden, muss das Parkett betreten. Er muss sich bemerkbar machen. Wie? Er muss sein Anderssein vertreten und behaupten. Er muss, das ist das Problem des Stiefelternteils, seinen Raum beanspruchen und *erobern*.

»Ich bin anders« – der Stiefelternteil beginnt, die Unterschiede auszusprechen

Das Verb *erobern* ist ein altes Wort mit einer martialischen Konnotation. Im Mittelhochdeutschen bedeutete es: »Der Obere bleiben, werden.« Später erhielt es die uns geläufige Bedeutung: »Durch Waffengewalt überwinden«.[4] Es geht um die Macht alter, bestehender Beziehungskontexte. Kinder lernen das früh auf schmerzliche Weise kennen. Ein Kind sieht einer Gruppe Gleichaltriger, die Ball spielen, zu. Es möchte mitspielen. Niemand bittet es in den Kreis hinein. Und das Kind traut sich nicht zu fragen. Es bleibt draußen.

Wie kann der Stiefelternteil, der »Außenseiter«, wie ihn Patricia L. Papernow nennt,[5] seinen Bewegungsspielraum beanspruchen und erobern – und dabei erweitern? Leichter gesagt als getan: das Anderssein auszusprechen. Der Stiefvater könnte sagen: »Ich möchte, dass ihr meine Sachen gut behandelt. Wenn ihr sie benutzt, müsst ihr sie in dem Zustand zurückstellen, wie ihr sie vorfandet.« Er könnte genauso gut sagen: »Ich möchte nicht, dass ihr meine Sachen, ohne mich zu fragen, benutzt. Ich gebe sie euch gern, aber ich möchte vorher gefragt werden.«

Der Stiefelternteil markiert seine Räume. Er deklariert eine Grenze. Er spricht aus, dass sein Raum nicht vereinnahmt werden soll. Er artikuliert seinen Ärger auf produktive Weise – er zahlt ihn nicht einfach zurück. Das Problem sind die Scham und die Scheu, eigensinnig (anders)[6] zu sein. Scham und Scheu blockieren, sie halten einen von der Tanzfläche zurück. Der Stiefelternteil möchte sich in das bestehende familiäre Gefüge einpassen, geräuschlos, konfliktlos, wie ein Autofahrer, der auf der Autobahn beschleunigt, um sich in den Verkehr einzufädeln. Leider ist das Patchwork-System komplizierter. Der Stiefelternteil muss sich buchstäblich *Platz schaffen* auf dem häuslichen Parkett. Das ist anstrengend, beschämend und macht einsam. Ständig gibt es Gelegenheit, sich zu reiben. Aber wenn die Reibungspunkte nicht ausgesprochen werden, schrumpft der eigene Bewegungsspielraum zu einer Verfassung der Ohnmacht zusammen – man fügt sich und brütet, untergründig wütend, über die eigene Hilflosigkeit.

»Ich bin anders«, könnte die Formel sein, mit welcher der Stiefelternteil seinen Eigensinn oder sein Anderssein im Patchwork-System zu artikulieren beginnt. »Ich bin anders, und ich habe *meine Ordnung.* Wenn ihr meine Dinge benutzt, erwarte ich, dass ihr sie respektiert und meine Ordnung beachtet« –: die Bücher, die Schallplatten, die Schreibwaren, die Kosmetika, die Nähsachen, die Kleider, die CDs, die Sportsachen, das Fahrrad, die Videokassetten. Die Liste ist lang und nicht trivial. Die Dinge des Alltags gehören zur äußeren Wirklichkeit, aber ebenso zu einer inneren, schwer zu kommunizierenden Wirklichkeit; denn in ihnen verdichten sich Lebensgeschichte und Lebensentwurf. Ein Buch oder eine Schallplatte, ein Beistelltischchen oder ein Pullover repräsentieren Lebenserfahrungen, Phasen des Lebens. Man hängt an ihnen, wie man – zu Recht – sagt. Sie gehören zu den eigenen lebensgeschichtlichen Kontexten; wird deren (äußere) Ordnung verletzt, wird deren (innere) Bedeutung entwertet.

Ein Buch ist ein Buch, könnte man sagen. Wenn ein Fremder es aus dem Regal nimmt, weiß er nicht, was seine Besitzerin oder sein Besitzer damit verbindet. Die Ordnung der Bücher in einem Regal zum Beispiel hat ihre sehr persönliche Geschichte, welche verloren zu gehen droht, wenn ihre Grenzen nicht beachtet werden. Es geht um den schwierigen Prozess der Differenzierung und der Integration, mit welchem der Stiefelternteil sorgt, dass seine Individualität im Patchwork-System ihren Platz findet.

»Ich bin anders und ich möchte wahrgenommen werden«

»Es war ein wunderbares Wochenende«, sagt Tom Toleman, der Vater des 8-jährigen Rickey, »bis Jenny es wieder vermasselte«, erzählt Patricia Papernow die Geschichte dieser Patchwork-Familie.[7] »Es war ein schreckliches Wochenende«, sagt Jenny Toleman, Toms zweite Frau, »gleich von Anfang an. In New Hampshire holten wir Rickey ab. Den ganzen Weg zurück zu unserem Haus sprach Rickey mit seinem Vater. Ich fühlte mich, als wäre ich unsichtbar. Ich *war* unsichtbar. Niemand sprach mich an. Tom schaute mich noch nicht einmal an. Rickey hatte nicht das geringste

Interesse an mir. Es ist die Zeit, wenn ich mich Tom zuwenden möchte, besonders nach einer harten Arbeitswoche. Und ich hatte das Gefühl, ich hätte Tom an diesen 8-Jährigen verloren. An einen 8-Jährigen, der nicht wusste, dass ich existierte.«

Jenny Toleman, die Geschichte dieses Samstags geht weiter, fühlte sich zunehmend unbeachtet. Sie schauten sich eine Parade an, gingen in ein Restaurant, welches Jenny verabscheute, nicht aber Rickey. Am Ende des Nachmittages fragte Tom sie, ob sie zum Strand fahren und den Sonnenuntergang beobachten könnten. Es war das Stück Strand, welches sie mit Tom entdeckt hatte – und mit Rickey nicht teilen wollte. »Das brachte das Fass zum Überlaufen«, sagte Jenny. Sie machte Tom Vorwürfe. Tom reagierte ärgerlich und zog sich von ihr zurück. »Und das«, resümierte sie, »brachte das Fass richtig zum Überlaufen.« Jenny und Tom stritten sich heftig vor Rickey. Der Samstag war verdorben.

War der Tag wirklich verdorben? Sicher, zwei Erwachsene machen die bittere Erfahrung gegenseitigen Unverständnisses und gegenseitiger Fremdheit. Jenny versteht nicht, weshalb Tom sie übersieht. Tom versteht nicht, weshalb Jenny explodiert. Aus Jennys Sicht war der Ausbruch eine Art Befreiungsschlag – ihr Aufschrei, welchen sie nicht anders auszusprechen vermochte. Hätte sie es gekonnt, hätte sie vielleicht sagen können: »Ich bin anders, und ich möchte wahrgenommen werden.« Ihr gelang nicht, Vater und Sohn mit den Worten auf sich aufmerksam zu machen: »Hey, ihr zwei – ich bin auch noch da!« Stattdessen wartete sie und hoffte auf Tom, auf ihren Mann, brütete über ihre Ohnmacht und wütete, dass ihr Bewegungsspielraum auf den einen Punkt zusammenschrumpfte: auf ihre Not, sich nicht artikulieren und ihren Platz nicht durchsetzen zu können. Ihr Ausbruch kommunizierte schließlich ihre Not.

Es ist für den Stiefelternteil schwer einzusehen, dass der eigene Platz in der eigenen Familie erstritten werden muss. Er oder sie muss einsame Differenzierungsarbeit leisten. Er oder sie muss deutlich machen, dass die alte Beziehungskonstellation in den Beziehungskontext der Patchwork-Familie verwandelt werden muss. Als Tom mit seinem Sohn Rickey sprach, hatte Jenny, die Stiefmutter, in dieser Beziehung keinen Platz. Man kann sich gut vorstellen, wie Vater und Sohn vertraut miteinander waren – wie sie sich in den alten Zeiten bewegten, als die frühere Familie noch bestand –, und wie sie Jenny wie die Mutter behandelten, die damals wahrscheinlich zufrieden beobachtet hätte, wie Vater und Sohn sich verstanden. Vater und Sohn realisierten nicht, welchen Beziehungskontext sie aufleben ließen und welchen Platz sie damit Jenny offerierten. Jenny war dieser Platz fremd, und sie rebellierte verständlicherweise gegen diese Platzanweisung.

Es ist so schwer, den richtigen Ton zu finden. Es ist so schwer, den richtigen Zeitpunkt zu finden. Aber wahrscheinlich gibt es den richtigen Ton nicht, und den richtigen Zeitpunkt gibt es auch nicht: Die Interventionen des Stiefelternteils, der darauf hinweist, dass er anders ist und wahrgenommen werden möchte, wirken anfangs stets unangemessen, unangebracht und überzogen – häufig monströs. *Wieso bist du so empfindlich? Das war aber doch eine Kleinigkeit!* Es war keine Kleinigkeit. Es stand viel auf dem Spiel. Aber das, was auf dem Spiel stand, konnte man nicht sagen. Vielleicht später, wenn die Differenzierungsarbeit nachlässt, und die Stiefkinder allmählich realisieren, dass ihr Stiefelternteil zu ihnen gehört und jemand ist, auf den (oder auf die) sie sich einzustellen haben, nehmen die Interventionen ab, der Ton wird weniger scharf, die Botschaft versöhnlich: *Ich bin anders, und ich möchte, dass ihr mich wahrnehmt.*

Der Stiefelternteil muss seine Sprache finden. In dem Maße, in welchem er (oder sie) sie findet und ausspricht, erweitert sich der Bewegungsspielraum. Humor wird möglich. Der Stiefelternteil läuft zur Hochform auf: »Ihr Banditen! Ich weiß, ihr wollt mich loswerden. Aber ihr werdet mich nicht los. Ich bin zäh! Vater und ich sind sechs Jahre verheiratet. Und das bleibt so!«

Der Stiefelternteil möchte auch einen Platz haben

Kehren wir zu Jenny, Tom und Rickey Toleman und zu deren bitterem Wochenende zurück. Die Patchwork-Familie machte einen Ausflug. Tom und sein Sohn Rickey waren sehr vertraut miteinander. Jenny fühlte sich ausgeschlossen, unbeachtet, als wäre sie im Auto nicht anwesend – »unsichtbar«, wie sie später erzählte. Man kann sich vorstellen, wie Tom sich Rickey zuwandte – erleichtert, dass sie sich verstanden; erleichtert, dass er Rickey gegenüber kein schlechtes Gewissen haben musste, weil Rickey sich mit ihm gut unterhielt. Vater und Sohn pflegten ihr Vergnügen. Bis Jenny explodierte.

Jenny war es so, als wäre sie zu Toms Fest eingeladen worden, der sie freundlich begrüßt, aber dann stehengelassen hatte. So verhält sich ein (schlechter oder ein unsicherer) Gastgeber, der entweder desinteressiert ist oder sich scheut, seinen Gast den übrigen Gästen vorzustellen, um ihm die Tür zu ihnen zu öffnen. Manchmal entledigt sich ein Gastgeber dieser integrativen Aufgabe, indem er seinen Gast aufmunternd abfertigt: »Sie machen sich selber bekannt, nicht wahr?« Der ungastliche Stoß in die Öffentlichkeit der Gäste ist eine Kränkung. Der Gast fühlt sich nicht wie ein Gast behandelt. Er fühlt sich alleingelassen. Er fühlt sich exponiert – auf dem Präsentierteller. Er spürt die Mühe, sich in einen Kreis hineinzudrängen. Er weiß nicht, wie willkommen er ist. Jeder Schritt, jede Geste fällt jetzt schwer. Die Blicke der anderen Gäste lähmen. Die Verlegenheit macht unsicher.

In der Patchwork-Familie ist es natürlich anders. Aber so viel anders auch nicht. Tom bezog seine Frau in seine Beziehung zu Rickey nicht ein. Er wusste offenbar nicht, dass die bloße Anwesenheit nicht ausreicht, um ein Beziehungsgefüge zu erweitern – so, dass Jenny ihren Platz bekam und sich wohl fühlen konnte. Toms Scheu ist verständlich und typisch: Er traute sich nicht, seinem Sohn Rickey Jenny als seine Partnerin und als dessen Stiefmutter zuzumuten. Als das Restaurant ausgewählt wurde, unterstützte er Rickeys Wunsch, Jennys Abneigung gegen das Lokal berücksichtigte er nicht. Tom handelte die Gegensätze nicht aus. Er sagte *nicht*: »Hör mal, Rickey, Jenny mag das Lokal nicht. Können wir uns auf etwas anderes einigen?« Er unterdrückte die Differenz zwischen Rickey und Jenny. Wieso?

Tom schützte sich und Rickey. Seinem Sohn ersparte er, die Tatsache der Patchwork-Familie (und damit die Trennung von der alten Familie) zu realisieren. Möglicherweise hätte er Rickeys wütenden, enttäuschten Rückzug riskiert, und er hätte sich darum bemühen müssen, seinen Sohn zu erreichen und den Kontakt zu ihm wiederherzustellen. Sich selbst ersparte Tom die Anstrengung, Rickey den Konflikt zuzumuten und ihn auszuhalten, den Schmerz seines

Sohnes und die eigenen Schuldgefühle zu ertragen – er wich an diesem Samstag seiner Aufgabe aus, die Patchwork-Familie in einem neuen Beziehungsgefüge zu etablieren.

Bemerkenswerterweise gelingt dies den Müttern eher. Gill Gorell Barnes und die übrigen Autoren resümieren in ihrer Studie, »dass die Mütter gewöhnlich den Stiefvater langsam und zuerst als einen Freund einführten, und über die Hälfte der Mütter (der befragten 50 Erwachsenen; G.B.) erläuterten den Kindern die Situation und fragten sie sogar nach ihrer Zustimmung zur Heirat.« Dagegen »zeigte keiner der Väter die Fähigkeit, ihren neuen Partner in die Familie einzuführen. Das hatte zur Folge, dass vom ersten Augenblick an die Stiefmütter die weitaus schwierigere Aufgabe hatten als die Stiefväter«.[8]

11. Wie wird aus der Patchwork-Familie ein familiäres Gefüge?

»Wo ist mein Zuhause zu Hause?«

»Fahrt ihr gleich nach Hause?«, fragt der Stiefvater, der seine Stiefsöhne die Rucksäcke packen sieht und vermutet, dass sie zu ihrem Vater radeln wollen; schließlich ist Sonntag, und das ist der Tag, an dem sie ihren Vater für zwei Tage besuchen. Eine einfache Frage – und schon ist er in ein Fettnäpfchen getreten. Seine Stiefsöhne sind, zählt man die Tage einer Woche aus, die meiste Zeit bei seiner Frau (deren Mutter) und bei ihm *zu Hause*. Er ärgert und schämt sich. Er kommt sich wie jener Gastgeber vor, der seine Gäste herzlich und laut mit einem »Auf Wiedersehen!« begrüßt. Er hat sich versprochen. Freud hätte sich gefreut. Er konnte, ganz im Sinne einer klassischen Fehlleistung,[1] seine Erleichterung nicht kontrollieren, dass er seine Stiefsöhne zwei Tage nicht sehen wird und mit seiner Frau und ihrem gemeinsamen Kind allein sein kann. Er hat sich noch nicht damit abgefunden (oder daran gewöhnt), dass seine Stiefsöhne bei *ihm* zu Hause sind. Seine Fehlleistung drückt seinen Konflikt aus: Er strengt sich an, seine Stiefsöhne aufzunehmen, aber der Impuls, sie ziehen zu lassen, ist ebenso wirksam. Andererseits enthält die Frage auch den Vorwurf des Eifersüchtigen, der sich so übersetzen lässt: »Wieso geht ihr wieder zu eurem Vater?« Dem Stiefvater kommt es vor, als sei das Zuhause, welches seine Frau und er ihnen bereitstellen, zweitrangig: Hier sind die Stiefsöhne nicht zu Hause.

»Wo gehst du hin?«, fragt der Stiefvater ein anderes Mal seinen Stiefsohn. »Nach Hause. Ach was – *nach Hause*«, korrigiert sich der Stiefsohn, »nach Gerderath, da treffe ich einige Freunde.« Gerderath liegt in der Nähe seines alten Zuhauses, dort, wo sein Vater wohnt. Er entschuldigt sich. Er hat ein schlechtes Gewissen; sein Stiefvater könnte gekränkt sein, dass er sich bei ihm nicht zu Hause fühlt. Würde er seinen Stiefvater fragen, würde der ihm seine Vermutung bestätigen. Sein Stiefvater würde ihm aber auch sagen, dass er ihn verstehen könnte. Schließlich ist die Frage *Wo bin ich zu Hause?*

noch nicht geklärt. Die Patchwork-Familie hat sich noch nicht konsolidiert. Die gegenseitig gehegten Ambivalenzen sind noch tief und nicht ausgetragen und besprochen. Sprachlos mischen sie sich in ihre Interaktionen ein.

»Wo ist Mutti?«

15 Jahre nach seinem Tod erschien 1986 eine Auswahl von Donald Winnicotts Aufsätzen mit dem schönen Titel *Home is where we start from*. Die deutsche Publikation kam mit dem Titel *Der Anfang ist unsere Heimat* auf den Markt[2]. Irmela Köstlins Übersetzung trifft den Sinn des schwer ins Deutsche zu übertragenden Satzes. Bemerkenswert ist, dass ihr dies mit einem Wort gelingt, welches zu den unübersetzbaren deutschen Begriffen gehört: »Heimat.« Heimat ist weiblichen Geschlechts und hat eine mütterliche Konnotation. »Heimat als das Übergoldete«, schrieb Christian Graf von Krockow[3], »ist nicht bloß Lüge, Kitsch und Sentimentalität. Sie ist nicht die Erfindung, sondern die Entdeckung der Romantik: das verlorene Paradies. Sie birgt, schützt, wärmt, gibt Sicherheit. – Heimat riecht nach Harz und Heu, nach Kartoffelfeuern, Leder, Kuckenbacken, gebrannten Mandeln, nach fangfrischen Räucherflundern und pommerscher Speck-Gans.« Wir befinden uns in Mutters Küche. Ist dort das familiäre Zentrum? Ist es dort, wo die Mutter ist?

Winnicotts Idee war, dass es die von der Mutter hergestellte und von dem Vater (oder umgekehrt, je nach Rollen und Funktionen der Partner) geschützte Umwelt ist,[4] welche dem Kind die Sicherheit und die Zuversicht vermitteln, sich seine Welt zu erobern und sich dort einzurichten. Das leibliche Elternpaar, beide, Vater *und* Mutter, sind das natürliche, selbstverständliche Zentrum der Familie. Der Anfang ist entscheidend, hatte Winnicott betont. Aber er ist nicht alles – was Winnicott wusste. Das Kind und später die und der Jugendliche sind ebenfalls angewiesen auf eine zuverlässige familiäre Umwelt – auf Eltern, »die für das Kind die lebenswichtige Funktion haben, Behälter für sein psychisches Leben«[5] – sie halten es in seinen Spannungen und Konflikten und bewahren seine Geschichte auf – sowie Spiegel seines Selbst und Förderer seiner Entwicklung[6] zu sein.

Die Patchwork-Familie muss ihre eigene familiäre Umwelt herstellen. Das Problem ist die *Unklarheit des familiären Zentrums.* Unklar ist, wer es jetzt ist und wo es jetzt ist. Ist es das neue Paar, welches aus leiblichem Elternteil und Stiefelternteil besteht? Ist es weiterhin das alte Elternpaar, dessen Elternteile in verschiedenen Systemen leben, die verschiedene Umwelten (oder Zuhause) ausmachen? Ist es nur die Mutter? Nur der Vater? Der Ort, an dem sie oder er lebt? Oder gibt es zwei Zentren?

Es gibt den juristischen Ausdruck des »Lebensmittelpunktes.« Der Lebensmittelpunkt befindet sich dort, wo man sich die meiste Zeit aufhält. Aber das ist zu einfach. Es gibt einen Unterschied zwischen der physikalisch bestimmbaren Zeit und der erlebten Zeit, die vom Prozess der Erfahrung des Lebens abhängt.[7] Man kann an einem Ort sein und sich nach einem anderen sehnen; in Gedanken ist man ganz woanders; man ist anwesend und abwesend zugleich.

»Wo ist Mutti?«, fragt der erwachsene Stiefsohn seinen Stiefvater, der am Schreibtisch sitzt und arbeitet. Er ist gerade aufgestanden und trägt noch seinen Schlafanzug. *Wo ist Mutti?* ist der erste Satz, den er seinem Stiefvater sagt. Er begrüßt ihn nicht; er spricht ihn nicht an. *Wo ist Mutti?* ist die Frage nach dem familiären Zentrum. Die leibliche Mutter ist der Halt, die Orientierung, die Sicherheit. Die Frage *Wo ist Mutti?* verdichtet die Gegenwart der Patchwork-Familie mit der Vergangenheit, als damals, im alten Familiensystem, der Junge seine Mutter fragte: »Mutti, wo sind meine Strümpfe?«

Die Patchwork-Familie ist noch nicht sein Zuhause. Sie wirkt wie ein Provisorium – wie eine Wohnung, welche zu rasch bezogen wurde: Die Wände und Böden sind kahl, die Möbel angeliefert, aber nicht aufgestellt, die Koffer abgestellt, die Kisten nicht ausgepackt; eine Ordnung, welche die eigene innere Ordnung gestalten lässt und sie hält, fehlt. Es ist ein wenig wie in einem Urlaubszelt oder einem Hotelzimmer: Man richtet sich für kurze Zeit ein. Das Notwendige ist griffbereit. Den Überblick hat die Mutter: »Mutti, wo ist die Zahnpasta?«

Komplizierte Beziehungswirklichkeiten

Wo ist Mutti? ist nicht nur eine Frage nach Orientierung und Halt, mit ihr reguliert der Stiefsohn auch seine Beziehung zu dem Stiefvater. Der Stiefvater hat den Eindruck, dass die Frage hastig gestellt wurde – als wollte sein Stiefsohn ihm zuvorkommen und ihn nicht zu Wort kommen lassen. Man kann vermuten: Er wollte die Beziehung zu seinem Stiefvater gewissermaßen kurz halten und ihn aus der Beziehung zu seiner Mutter heraushalten. Der Stiefvater, der sich wie abgefertigt und in der Defensive fühlt, gibt lakonisch zurück: »Ich weiß es nicht.« Der Stiefsohn verlässt das Arbeitszimmer. Eine typische unerfreuliche Interaktion, eine typische missglückte Beziehungsgestaltung: Stiefsohn und Stiefvater begegneten sich nicht richtig.

Sie leben unter einem Dach, aber treffen sich nicht im selben Stockwerk. In der Patchwork-Familie ist das anfangs auch schwierig. Sie gleicht einem Mehrfamilienhaus mit vielen Etagen. Der Stiefvater möchte sich in Parterre aufhalten, aber der Stiefsohn besteht auf der ersten Etage. Hat der Stiefvater der ersten Etage zugestimmt, hockt der Stiefsohn im zweiten Stock. Und wenn der Stiefsohn seinen Stiefvater in Parterre aufsuchen möchte, befindet der sich auf der dritten Etage. Es geht rauf und runter. Manchmal tauscht man sich im Treppenhaus aus; dann ruft der eine von oben etwas herunter, und der andere von unten zurück; und umgekehrt. Wenn man laut sprechen muss, kann man sich schlecht verständigen. Wieso ist das so schwer?

Die kleine Sequenz deutet an: Stiefsohn und Stiefvater haben noch keine gemeinsame Ebene der Interaktion gefunden. Man könnte meinen, sie stammen aus verschiedenen Welten. Die gegenseitige Fremdheit ist groß (manchmal scheint sie nicht auszuräumen zu sein). Stiefsohn und Stiefvater unterscheiden sich in ihren Lebensgeschichten und ihren Beziehungserfahrungen, sie verfügen über verschiedene Beziehungsmuster und sind in anderen psychosozialen Kontexten (Familie, Schule, Ausbildung, Zugehörigkeit zu einer Generation, öffentliche Diskurse) aufgewachsen.

Das ist, nehmen wir ein Alltagsbeispiel, häufig kein Problem. Ein bundesdeutscher Tourist sitzt abends mit einem englischen Touristen in einer schottischen Kneipe zusammen. Sie tauschen sich über ihre Länder aus – über die Höhe der Arbeitslosigkeit, über ihre Regierungen, über die deutsche und die englische Automobilindustrie, darüber, was das Leben in dem einen und was es in dem anderen Land kostet. Sie sprechen über ihre Lebensverhältnisse, ihren Beruf, ihre Familie, ihre Interessen und Vorlieben. Zwei erwachsene Männer bewegen sich auf einer (kommunikativen) Ebene. Ein Geben und Nehmen findet statt. Sie regulieren ihre Nähe und ihre Distanz. Der eine wird persönlich, der andere auch. Sie entwickeln eine Beziehung. Sie nehmen etwas voneinander in ihre inneren Welten auf. Sie erweitern ihr Beziehungsgefüge.

Anders der Stiefsohn und der Stiefvater. Sie gehen nicht unbefangen miteinander um. Sie tauschen sich nicht aus, um ihre Beziehung zu vertiefen. Sie konkurrieren miteinander. Der Stiefsohn reklamiert die Exklusivität der Beziehung zu seiner Mutter. Der Stiefvater möchte seine Frau – die Mutter seines Stiefsohnes – nicht so ohne Weiteres hergeben; er verweigert den Kontakt und beantwortet die Frage seines Stiefsohnes knapp und abweisend. Ein Verdrängungswettbewerb findet statt. Was möchte der eine, was der andere *durchsetzen*?

Die Kontexte der konkurrierenden Beziehungserfahrungen und Beziehungsmuster und die Repräsentanten dieser Kontexte sind das Problem. In der Interaktion mit seinem Stiefvater sucht der Stiefsohn, die alte, aus seiner Ursprungsfamilie stammende Beziehung zu seiner Mutter zu behaupten. Der Stiefvater versucht nichts anderes – er hält den Kontext der Beziehung zu seiner Frau dagegen.

Interaktionsprozesse, lehrt die psychoanalytische Theorie, sind von den eigenen Beziehungserfahrungen und den mit ihnen verbundenen Mustern, Beziehungen zu gestalten, bestimmt. Fremde werden, ohne dass dies uns bewusst wird, oft wie Vertraute behandelt. Ein Professor kann zum Beispiel für einen Studenten etwas von einem ehemaligen Nachbarn haben, dem er als Junge aus dem Weg ging, weil er diesen Mann so einschüchternd fand. Die Beziehung zu dem Hochschullehrer ist mit der Hypothek dieser Beziehungserfahrung belastet. Oder ein anderes Beispiel: Ein Patient erinnert den Therapeuten an einen Jugendfreund. Der Therapeut ertappt sich dabei, dass er diesem Patienten die Beziehung, welche er zu seinem Freund unterhielt, anträgt. Das Prinzip dieser Beziehungsgestaltung nannte Sigmund Freud *Übertragung und Gegenübertragung*.[8] Ursprünglich in der psychotherapeutischen Praxis entdeckt, findet dieser Interaktionsprozess auch im Alltag ständig statt. In der klinischen Praxis geht es vor allem um die Durchsprache und Klärung der Beziehungserfahrungen mit den lebensgeschichtlich relevanten Objekten (Partner, Partnerin, Vater, Mutter, Geschwister, Großeltern) und um die aus ihnen resultierenden Beziehungsmustern.

Wir machen im Laufe unseres Lebens, wenn wir die familiären vier Wände zu verlassen beginnen, viele Beziehungserfahrungen und verfügen darum über ein reichhaltiges Repertoire, Beziehungen zu gestalten. Wir überschauen unser Repertoire nicht; es ist im Allgemeinen nicht bewusst. Wir übersehen deshalb auch nicht die Prozesse der Beziehungsgestaltung. Wir wissen nicht, in welchen Kontexten wir uns dabei bewegen. Wir wissen nicht, mit wem wir noch beschäftigt sind, wenn wir mit jemandem beschäftigt sind[9]. Der Sohn weiß nicht, dass er, als er seinen Stiefvater fragt *Wo ist Mutti?*, sich in seinem alten familiären Beziehungskontext bewegt, als Vater und Mutter ein Elternpaar waren und er keinem Fremden die Tür aufgemacht hätte. Der Stiefvater weiß nicht, dass er, als er seinem Stiefsohn kühl antwortet, den Beziehungskontext, der seine Frau einschließt, verteidigt.

Das Problem der Patchwork-Familie ist der Widerstreit der Beziehungskontexte. Deshalb sind die Ebenen der Beziehungsgestaltung umkämpft. Die Patchwork-Familie ringt mit der Aufgabe, sie in einem familiären Gefüge zu integrieren.

Aber listen wir zuerst die Beziehungskontexte, welche in einer Patchwork-Familie konkurrieren, auf. Wir gehen von unserer fünfköpfigen Patchwork-Familie aus; ihre Mitglieder sind: der leibliche Elternteil (die Mutter), ihre beiden Söhne, der Stiefelternteil (der Stiefvater und Vater) und deren gemeinsames Kind.

1. Der Beziehungskontext des neuen Paares, das aus dem leiblichen und dem Stiefelternteil besteht.

2. Der Beziehungskontext des jetzt getrennten Elternpaares, von dem der eine Elternteil im Patchwork-System lebt, der andere außerhalb in einem eigenen System (die Gegenwart der Trennung).

3. Der Beziehungskontext des alten ungetrennten Elternpaares vor der Scheidung. Er stellt die Beziehungsvergangenheit dar, welche mit entscheidet, ob das alte Elternpaar sich zu einem neuen, im Interesse der Kinder kooperierenden Paar zu entwickeln in der Lage ist.

4. Der Beziehungskontext des anderen alten Paares, welches der Stiefvater (und jetzige Vater) mit seiner ersten Frau bildete. Die Scheidung liegt weit zurück. Das Paar ist kinderlos geblieben. Die einstigen Partner haben keinen Kontakt mehr; es gibt keine Interaktionen mehr zwischen den Partnern.

5. Der Beziehungskontext des neuen Paares und ihres gemeinsamen Kindes. Innerhalb der Patchwork-Familie stellt er ein familiäres Subsystem dar – gewissermaßen die Familie in der Familie.

6. Der Beziehungskontext des leiblichen Elternteils und dessen Kinder, die im Patchwork-System leben (die Mutter und ihre leiblichen Kinder). Er stellt die Gegenwart der Vergangenheit dar – das eine durch die Trennung entstandene Subsystem, welches die alte Beziehungswirklichkeit fortsetzt und zugleich verändert im Kontext des Patchwork-Systems. Eine weitere Familie in der Familie.

7. Der Beziehungskontext des leiblichen Elternteils (beispielsweise des Vaters) und dessen Kinder außerhalb des Patchwork-Systems. Er stellt – für das Patchwork-System – das zweite durch die Trennung entstandene Subsystem dar, welches die alte Beziehungswirklichkeit fortsetzt und zugleich modifiziert.

8. Der Beziehungskontext der alten, ungetrennten Familie vor ihrer Auflösung, die aus dem Vater, der Mutter und den beiden Kindern bestand. Er macht den gemeinsamen Bestand an Beziehungserfahrungen und Beziehungsmustern aus – die familiäre Vergangenheit, welche von der Realität der Patchwork-Familie zur Modifikation ihres Beziehungsgefüges gezwungen wird.

9. Der Kontext fantasierter, triadischer Beziehungen des Stiefelternteils mit dem leiblichen Elternteil, der außerhalb der Patchwork-Familie lebt (Stiefvater zu Vater oder Stiefmutter zu Mutter). Diese Beziehungen bewegen sich auf zwei Ebenen. Einmal auf der Ebene der Erwachsenen: die direkte und indirekte, häufig nicht bewusste Rivalität des Stiefelternteils mit dem abwesenden leiblichen Elternteil um den anwesenden leiblichen Elternteil (Stiefvater mit Vater um Mutter oder Stiefmutter mit Mutter um Vater). Die Konkurrenz wird von der Fantasie gespeist, der »bessere Vater«, die »bessere Mutter« [10] oder der »Retter«, die »Retterin« oder beides zu sein. Zum anderen in der Interaktion mit den

Stiefkindern: Der Stiefelternteil sucht und attackiert in den Kindern den leiblichen abwesenden Elternteil (Stiefvater gegen Vater oder Stiefmutter gegen Mutter), den er zugleich treffen und von dem er geschätzt werden möchte (s. S. 81–83).

Die neun Beziehungskontexte beschreiben neun Ebenen *möglicher* Interaktionen im Patchwork-System. Die Liste ist unvollständig; beispielsweise sind die Beziehungskontexte, welche die Großeltern einschließen, ausgespart. Die Kontexte überlappen sich, vermischen und ergänzen sich in den alltäglichen Prozessen der Beziehungsgestaltung. Als der Stiefsohn seinen Stiefvater *Wo ist Mutti?* fragte, bewegte er sich im sechsten und im achten Kontext, der Stiefvater im vierten und fünften Kontext. Die Aufzählung soll die Komplexität der Patchwork-Familie beschreiben und eine Orientierung anbieten. Sie beschreibt zugleich die Entwicklungsaufgabe, welche die Patchwork-Familie zu bewältigen hat: Sie muss diese Beziehungskontexte *differenzieren* und in ein neues Beziehungsgefüge *integrieren*.

Die Aufgabe der Differenzierung und der Integration leisten wir ständig; die Leistung ist uns so selbstverständlich, dass sie uns nicht bewusst ist. Donald Winnicott[11] sprach von der lebenslangen Anstrengung, unterscheiden zu müssen zwischen sich und dem oder der anderen. Manchmal, wenn die Fremdheit des anderen ein Beziehungsproblem darstellt, fällt uns das auf. Nehmen wir ein Alltagsbeispiel. Eine Mutter sitzt mit ihren beiden Kindern in dem Abteil eines Intercityzuges. Die übrigen drei Sitze sind nicht besetzt. Die Abteiltür ist geschlossen. Sie sind unter sich, fühlen sich wohl und unterhalten sich rege. Der Zug hält an einem Bahnhof. Reisende steigen aus, andere steigen ein. Ein Mann öffnet die Abteiltür. Höflich fragt er, ob einer der Plätze frei sei. Ein wenig widerwillig, aber betont höflich gibt die Mutter die den Reisenden befriedigende Auskunft. Er verstaut sein Gepäck und nimmt Platz. Ein Fremder drängt sich in das bestehende Beziehungsgefüge, welches sich, ob die Mutter und ihre Kinder es wünschen oder nicht, um ein Mitglied erweitert hat. Die Mutter setzt ihre Unterhaltung mit ihren Kindern fort. Sie hat eine Wahl: Entweder spricht sie mit ihren Kinder so weiter, als ob der Reisende nicht anwesend wäre (wobei sich ihr Sprechen natürlich verändert) – damit würde sie an ihrer alten Beziehungskonstellation festhalten – oder sie bezieht den Reisenden in ihr Gespräch ein und sorgt für die Differenzierung (der Fremde wird im Gespräch etwas vertraut) und Integration des neuen Mitglieds.

Nehmen wir ein anderes Beispiel. Eine ehemalige Schulklasse kommt regelmäßig, einmal im Jahr kurz vor Weihnachten, zu ihrem Klassentreffen zusammen. Die alten Zeiten leben wieder auf, die Erinnerungen an die Triumphe und Niederlagen des Schulalltags werden gemeinsam nachgeschmeckt. Die Rückkehr in diesen strapaziösen Lebensabschnitt wird aus der Warte der (mittlerweile erreichten) Erwachsenheit ordentlich gefeiert. Einige Lehrer wurden dazu eingeladen. Das Erstaunliche ist: Es geht so zu wie früher – automatisch rasten die alten Beziehungsmuster wieder ein. Die gleichen Gruppierungen unter den Schulkameraden, das gleiche Beziehungsgefüge; wer früher mit dem einen gut konnte, sitzt mit ihm zusammen; wer früher den sprichwörtlichen Draht zu einem Lehrer hatte, hat ihn wieder; und mit wem ein Lehrer früher sympathisierte, der wird heute nach seinen Lebensverhältnissen von ihm befragt. Das Klassengefüge ist re-inszeniert.

Klassentreffen sind ein Beispiel für die Resistenz alter Beziehungsmuster. Sie gestatten die fröhliche Rückkehr in die Zeit der Jugend. Deshalb werden sie gepflegt. Das Vergnügen hat eine Kehrseite. Klassentreffen unterliegen einem gewissen Verschleiß. Die Wiederholung garantiert nicht deren Überleben. Irgendwann hört der Spaß an der »Feuerzangenbowle« [12] – an der manischen Fantasie der ewigen Jugend als der Flucht vor dem Altern und an der Rachefantasie von der Umkehrung der Machtverhältnisse von Lehrern und Schülern – auf; er wird schal, und die Regelmäßigkeit der Klassentreffen bricht ein. Ihre Bindungskraft zerbröselt; sie werden aufgegeben. Überleben können sie nur, wenn ihr Beziehungsgefüge sich ändert – wenn die einstigen Schüler sich über ihre jetzige Erwachsenheit austauschen und in neue Beziehungen zueinander integrieren. Das setzt einen Prozess des Aushandelns voraus. Aber je älter die ehemaligen Schulkameraden sind, desto mehr Lebenserfahrungen müssen einbezogen werden; viel ist ihnen fremd.

Migrationsfamilien sind ein drittes Beispiel. Wenn die Kultur ihres Heimatlandes sehr von der Kultur des Landes, in dem sie leben, differiert, entsteht innerhalb des familiären Systems eine enorme Spannung, die aus dem Konflikt zwischen dem Wunsch nach Modifikation (der alten Traditionen und der von ihnen abhängigen Beziehungsgefüge) und dem Wunsch nach Konservation herrührt. Häufig sind es die Kinder, die auf Modifikation drängen, während die Eltern an ihren Lebensmustern festzuhalten wünschen. Und häufig sind es die Kinder, die den Konflikt austragen und an ihm scheitern oder zu scheitern drohen.

Die Entwicklungsaufgabe von Differenzierung und Integration lässt sich auf diesen Nenner bringen: Es geht um die Öffnung der etablierten Systeme und um die Aufnahme der Unterschiede. Ein Gast wird von einer fremden Gesellschaft aufgenommen, indem er den übrigen Gästen vorgestellt und einbezogen wird. Eine psychotherapeutische Gruppe beschäftigt sich mit dem neuen Mitglied, indem sie ihn befragt und ihn in ihr Gefüge einbezieht und sich damit arbeitsfähig hält. Für die Mitglieder einer Patchwork-Familie erscheint die Lösung dieser Aufgabe manchmal unmöglich zu sein.

12. Die Aufgaben von Differenzierung und Integration in Patchwork-Familien

Zu Recht warnen Gill Gorell Barnes und seine Mitautoren: Patchwork-Systeme sind keine »neue« oder eine »zweite« Familie, die an dem vermeintlichen Nullpunkt nach der Scheidung »neu« beginnt: »Es gibt weder nur einen Weg, die Scheidung oder den Tod zu verkraften, keine bestimmte Sequenz der Belastungen oder einen einheitlichen Prozess. Noch gibt es eine Zeittafel dafür, wann die schmerzlichen Erfahrungen verarbeitet sein werden oder wann das neue Beziehungsgefüge etabliert sein wird«.[1] Sie stellen den Wert von Zeit-Schätzungen in Frage. Emily und John Visher sprechen davon, dass es »durchaus eininhalb Jahre dauern kann, bis eine Stiefvater-Familie zu ihrer eigenen gefühlsmäßigen Ordnung gefunden hat«.[2] Andere Autoren gehen von vier Jahren aus, die eine Patchwork-Familie braucht, um zu einer Familie zu werden. Patricia Papernow hat einen Entwicklungszyklus von sechs Phasen beschrieben. Die letzte Phase der Konsolidierung wird von den »schnellen« Familien in vier, von den »langsamen« in zwölf Jahren und von manchen Familien gar nicht erreicht.[3]

»Wie sollen wir Eltern uns verhalten?«

Das Patchwork-System stellt ein komplexes soziales System dar. Das Elternpaar hat vor allem zwei Aufgaben zu leisten: die *Differenzierung* und die *Integration*.

1. Das Paar der Patchwork-Familie muss die Auflösung der alten Familie in der Beziehungswirklichkeit der neuen Familie realisieren, indem die Beziehungswirklichkeit der alten Familie von der Beziehungswirklichkeit der neuen Familie differenziert wird. Im Kontext ihrer Beziehungen ist die Mutter der Patchwork-Familie nicht mehr die alte: Zu ihren Kindern hat sich ihre Beziehung verändert, weil sie

sich von dem Vater getrennt und an einen neuen Partner gebunden hat, dessen Wahl die Idealisierung (das innere Bild) des leiblichen Vaters relativiert – was für die Kinder schwer zu ertragen ist. Ihre veränderte Lebenssituation bedeutet eine Veränderung ihrer Beziehungswirklichkeit zu ihren Kindern: Sie sieht ihre Kinder durch die Perspektive ihren neuen Beziehungswirklichkeit zum Partner anders, und sie verhält sich anders zu ihnen. Ebenso sind die Kinder in der Patchwork-Familie nicht mehr die alten: Deren Verhältnis zur Mutter hat sich verändert, weil sie nicht mehr mit dem Vater, sondern mit dem neuen Partner zusammenlebt – was die Idealisierung (das innere Bild) der Mutter relativiert und damit die ödipale Frage neu stellt (zu wem gehört die Mutter?); deshalb sehen sie ihre Mutter anders und verhalten sich zu ihr als Mutter *anders*.

Zugleich, und das macht den Differenzierungsprozess so kompliziert, halten die Mutter, die Kinder *und* der abwesende Vater (auf die eine oder andere Weise) an der Beziehungswirklichkeit der alten Familie fest, weil sie zur gemeinsamen, natürlich unterschiedlich internalisierten Struktur geteilter innerer Bilder von Weiblichkeit und Männlichkeit, Mutterschaft und Vaterschaft gehören und weil deren Veränderung so schwierig, so schmerzlich und so beunruhigend ist. Die Auseinandersetzung mit der Trennung und mit der Auflösung der Familie ist das zentrale Problem. So verläuft der Differenzierungsprozess in einer Bewegung von Progression (Realisierung der neuen, anderen Lebenssituation) und Regression (Verleugnung der neuen Lebenssituation).

2. Das neue Elternpaar des Patchwork-Systems muss eine lebensfähige Beziehungsform, welche die Generationsgrenzen erneut etabliert, finden. Die Mutter bleibt in der modifizierten Beziehungswirklichkeit die Mutter, die Kinder bleiben die Kinder, und der Stiefelternteil erhält eine Position im familiären Gefüge, in welcher er elterliche Aufgaben und Funktionen erfüllen kann. Damit sind einige Voraussetzungen verbunden: Die Mutter räumt dem Stiefelternteil einen elterlichen Platz ein; der Stiefelternteil ist bereit, ihn einzunehmen und seinen Aufgaben und Funktionen nachzukommen; das Paar ist bereit, diese neue Beziehungswirklichkeit den Kindern zu vermitteln und als die neue familiäre Form zu etablieren.

»Nur 25 Prozent der Kinder in Stiefväter-Familien sahen ihren Stiefvater als den ›Chef‹ in der Familie«, bilanziert der australische Familienforscher Gay Ochiltree dessen Position in seiner Studie, »wohingegen in intakten biologischen Familien zwei Drittel der Kinder dies von ihrem Vater dachten. Vorwiegend die Kinder in Stieffamilien sahen in beiden Eltern eher die führenden Kräfte. Allgemein beschrieben die Kinder ihren leiblichen Elternteil als die bedeutsamere Kraft und mächtigere Figur in ihrem Leben«.[4] Kein Wunder, die Mutter ist die Mutter, der Vater der Vater, weder kann die Stiefmutter die Position der Mutter besetzen, noch der Stiefvater die des Vaters. Im familiären Kontext gibt es keine zweite Besetzung, welche für die erste Besetzung einspringt. Der leibliche Vater oder die leibliche Mutter kann nicht ausgetauscht werden. Die Forschung zur Patchwork-Familie lehrt, dass der Stiefvater, der den Vater zu ersetzen versucht, um ihn vielleicht als der bessere Vater zu übertreffen, auf den Widerstand seiner Stiefkinder stößt – sie tolerieren den Wechsel im väterlichen Amt nicht.

Das Paar muss loyal sein, um ungleich sein zu können

Eine Patchwork-Familie braucht ein *starkes Paar*, sagt das Autorenpaar Emily und John Visher. Man kann hinzufügen: Die Partner müssen zueinander loyal sein, sodass das Paar stark genug sein kann, um ein ungleiches Paar sein zu können. Das bedeutet nicht, dass der Stiefelternteil eine bedeutungslose Funktion im Patchwork-System einnimmt, im Gegenteil. Es kommt darauf an, dass das Paar ein *anderes Paar* ist als das alte, jetzt getrennte Elternpaar – es hat eine andere Beziehung zueinander, und es hat sich auf eine andere Elternschaft, welche zugleich die alte, jetzt getrennt lebende Elternschaft im Interesse der Kinder funktionstüchtig hält, verständigt.

Diese andere Elternschaft lässt sich wie folgt skizzieren. Das Paar der Patchwork-Familie ist entschlossen, gemeinsam unterschiedliche elterliche Funktionen auszuüben. Es hat sich darauf verständigt, dass es als Paar wahrgenommen werden möchte und dass die Kinder zu ihm als Paar in Beziehung treten. Wie sieht dessen Aufgabenverteilung aus? Beide, leiblicher und Stiefelternteil, haben in unterschiedlichen Kontexten die Aufgabe von Differenzierung und Integration zu lösen. Der leibliche Elternteil wird die neue Beziehungswirklichkeit – die Trennung, die Auflösung der Familie, die Existenz der Patchwork-Familie – zu etablieren und dabei die alte Beziehungswirklichkeit zu modifizieren suchen. Dabei bewegt er sich auf zwei Ebenen: auf der Ebene der Differenzierung der alten von der neuen Beziehungswirklichkeit (Vergangenheit und Gegenwart werden getrennt) und auf der Ebene der neuen Beziehungswirklichkeit (der Gegenwart), in der er dem Stiefelternteil den elterlichen Platz (für dessen Aufgaben und Funktionen) zuweist.

Dazu folgendes Beispiel. »Mutti«, fragt der Sohn, »weißt du, wann Papa zurückkommt?« »Nein«, antwortet die Mutter, »dein Vater hat uns nicht informiert.« Die Mutter nimmt die Frage ihres Sohnes auf und gibt sie als einen Impuls zur Differenzierung zurück. *Papa*, antwortet sie unausgesprochen ihrem Sohn, sitzt nicht mehr an unserem Tisch, sondern dein Stiefvater, den du ausschließt, wenn du von *Papa* sprichst; er kennt ihn nur als deinen *Vater*, aber nicht als *Papa*. Indem sie die Gegenwart von der Vergangenheit trennt (die alte von der neuen Beziehungswirklichkeit, Vater von Stiefvater), führt sie die notwendige Differenz von Patchwork-Familie und alter Familie ein, sorgt für die Integration des Stiefelternteils *und* betont die Funktion und Bedeutung des leiblichen Elternteils.

Ein weiteres Beispiel. »Mutti«, fragt der Sohn, »um wie viel Uhr fahren wir morgen los?« Der Stiefvater sitzt neben ihr und hört zu. Sie antwortet: »Du kannst Georg (den Stiefvater) auch fragen, der weiß es auch.« Der leibliche Elternteil macht dem Stiefelternteil für elterliche Interaktionen und Funktionen Platz. Der Stiefelternteil wird einbezogen; er ist auch zuständig – auch wenn das Sorgerecht ihn formell ausschließt. Die familiären Belange werden mit den Kindern gemeinsam verhandelt – mit der Folge, dass die alten Beziehungsmuster, in denen die Zuständigkeiten und Regeln organisiert waren, sich verändern und sich öffnen für neue Muster familiärer Aufgabenverteilungen.

Exkurs 1: Formen der Auseinandersetzung mit der Trennung und der Scheidung

Die Differenzierungsleistungen des leiblichen Elternteils haben eine Voraussetzung: Der leibliche Elternteil muss seine innere Trennung geleistet und eine Form gefunden haben, welche eine Kooperation der leiblichen Eltern ermöglicht.

Aviva Mazor, Pumpi Batiste-Harel und Yolanda Gampel, Psychologinnen aus Tel Aviv, fanden bei geschiedenen Paaren drei Muster des Umgangs mit der Trennung:

Das *integrative Muster*. Die Geschiedenen sehen die Trennungserfahrungen als einen Teil ihrer Lebensgeschichte – »sie erfüllten bestimmte Bedürfnisse ihrer Persönlichkeiten.« Sie haben nach der Scheidung eine sehr ausgeglichene Beziehung zueinander. Sie sind mit dem Schmerz und den Schwierigkeiten, sich zu trennen, beschäftigt, um die Gefühle von Zorn, Wut und Enttäuschung zu mildern. Charakteristisch ist die Bilanz einer Befragten: »Für mich und die Kinder war wichtig, dass es gute Zeiten gab. Ich wollte mich nicht in den Zorn verbeißen, sondern mit dem Liebenswerten verbunden bleiben. Ich bin noch immer ärgerlich und irritiert, aber ich bleibe mit meiner Sorge um ihn verbunden«.[5]

Das *semi-integrative Muster*. Die Geschiedenen, zwei Jahre nach der rechtskräftigen Scheidung, ringen mit ihren Trennungserfahrungen. Sie haben gerade begonnen, ihre eigene Verantwortlichkeit für die Auflösung ihrer Ehe zu sehen. Immer noch sind sie mit ihrer Wut und ihrem Zorn auf den geschiedenen Partner beschäftigt, und ihre durchgehende Erklärung besteht darin, sich selbst für das Scheitern der Ehe verantwortlich zu machen. Sie bemühen sich, ihre Selbstachtung wieder zu gewinnen, sich selbst und ihrem neuen Partner gegenüber. »Die Wut sitzt ganz tief, und ich glaube nicht, dass sie jemals verschwinden wird«, sagt ein 35-jähriger Mann. »Ich versuche, mit der Scheidung klarzukommen. Ich kann keine neue Beziehung eingehen, ohne die alte zu beenden. In meiner Psychotherapie bemühe ich mich sehr herauszufinden, warum es mir so schwer fällt, mich zu trennen«, beschreibt eine 30-jährige Frau ihre Verfassung.

Das *nicht-integrative Muster*. Die Scheidung wird nicht als Bestandteil eines Lebensabschnitts genommen; sie ist eine Erfahrung, welche einem nicht hätte passieren dürfen. Die eigene Verantwortlichkeit wird kaum oder gar nicht gesehen; der andere Partner trägt die Schuld. Die Strategie der Bewältigung besteht in der Vermeidung, sich zu erinnern. Vergangenheit und Gegenwart sind scharf getrennt. Die Hoffnung, *die Zeit heilt alle Wunden,* wird hochgehalten. Eine 44-jährige Frau beschreibt die Form ihrer Auseinandersetzung: »Ich sehe ihn überhaupt nicht als einen Menschen an. Ich bin unglaublich bitter und voller Rache-Gefühle.«

Für die Studie wurden 30 geschiedene Eheleute interviewt. Es wurden keine Angaben darüber gemacht, ob sie erneut heirateten und wie sich ihre Form der Scheidungsbewältigung auf die neue Familie auswirken. Aber das Grundproblem gilt für alle gleichermaßen: die Auseinandersetzung mit der vergangenen Lebenswirklichkeit und deren Integration in die gegenwärtige Beziehungswirklichkeit.

Der Stiefelternteil

Die Forschungsliteratur auf eine Formel gebracht, könnte man sagen: Der Stiefelternteil bewegt sich möglichst nur auf der Ebene der Gegenwart. Er fühlt sich zuständig für Differenzierung und Integration des Patchwork-Systems. Seine Aufgabe ist die Organisation der familiären Kultur. So kann er sich dafür einsetzen, dass beim Abendessen alle Mitglieder anwesend sind; dass die notwendigen Fragen und Konflikte besprochen werden; dass kein Familienmitglied den Tisch vorzeitig verlässt; dass eine ausreichend gute Kommunikation stattfindet; dass Kränkungen besprochen werden. So kann er darauf bestehen, dass der Fernseher mit seiner Zustimmung eingeschaltet wird; dass ausgehandelt wird, was gemeinsam gesehen wird; dass die Qualität der Produkte des elektronischen Mediums und des Kinos diskutiert wird; dass mit den Ressourcen des Haushalts angemessen umgegangen wird. Er achtet auf die Regeln des Systems; aber er diszipliniert die Regelverletzungen nicht.

So kann er zum Beispiel sagen: »Ich finde es nicht in Ordnung, dass du das Flurlicht brennen lässt, wenn du schlafen gehst.« Oder: »Ich möchte, dass du auch darauf achtest, dass die leeren Flaschen in die Kästen zurückgestellt werden.« Er wird *nicht* sagen: »Wenn ich das noch einmal sehe, kannst du dir die nächste Günter Jauch-Sendung abschminken.« Er wird *nicht* sagen: »In deiner früheren Familie konntest du vielleicht deine Sachen einfach liegen lassen; hier kannst du das nicht.« Er wird *nicht* sagen: »Deinem Vater konntest du das sagen, mir aber nicht.« Er wird sich bemühen (so gut ihm das gelingt), die Verknüpfung von Gegenwart und Vergangenheit zu unterlassen. Verknüpfungen der gegenwärtigen mit der vergangenen Familie sind schwerlich ohne einen polemischen, konkurrierenden Unterton auszusprechen, welcher die Botschaft andeutet: *Früher, bei deinem sorglosen Vater, konntest du dir das erlauben, bei mir aber, dem starken Vater, nicht.*

Der Stiefelternteil fühlt sich deshalb nicht zuständig für direkte väterliche Interventionen, welche Regeln durchsetzen, Forderungen stellen, Grenzen ziehen sollen. Er wird *nicht* fordern: »Du gehst um 22.00 Uhr ins Bett!« Oder: »Beim Essen stützt man die Arme nicht breit auf den Tisch!« Oder: »Wenn du einen Erwachsenen begrüßt, stehst du auf!« Das kann er der Mutter oder dem Vater überlassen, der regelmäßig besucht wird und der dafür Sorge trägt, dass seine Kinder gute Formen des Selbst-Managements (angemessener Lebensrhythmus beispielsweise) oder des sozialen Umgangs internalisieren. Der Stiefvater kann sich bei diesen Aufgaben zurückhalten.

Der Stiefelternteil ist gut beraten, wenn er die Kontexte vermeidet, mit denen er sich in eine (konkurrierende) Beziehung zum leiblichen Elternteil setzt. Emily und John Visher, amerikanische Familientherapeuten und Patchwork-Eltern, geben ein prägnantes Beispiel: »Ein einfühlsamer Stiefvater wird sich aus den Bereichen heraushalten, die der leibliche Vater für sich reserviert hat. Er wird den Mitteilungen des Kindes mit bewusstem Respekt vor der anderen Beziehung zuhören. ›Papa sagt, er will mir das Segeln beibringen‹, ist für ihn nicht ein Signal, selbst zum nächsten Hafen zu stürmen, sondern die Aufforderung, an Land zu bleiben«.[6] *An Land zu bleiben* heißt: sich aus der Konkurrenz mit dem abwesenden leiblichen Elternteil herauszuhalten.

Wie immer ist es komplizierter. Die direkte Konkurrenz kann der Stiefelternteil vermeiden. Was ist mit der indirekten, unbewussten Rivalität? Sie ist das Problem. Wie kann er sie erkennen?

Da sind einmal der Ehrgeiz und die Fantasie, ein besserer Elternteil sein zu wollen und zu können als der abwesende Elternteil. Zum anderen sollte die ausgesprochene oder unausgesprochene Unbarmherzigkeit, mit welcher die Stiefkinder traktiert und verfolgt werden, zu denken geben. Sie können dem Stiefelternteil buchstäblich nichts recht machen; er weiß es besser, und er kann es besser. Wenn seine Stieftochter oder sein Stiefsohn über die eigenen Interessen, Absichten oder Wünsche spricht, geht sein erster Impuls, ausgesprochen oder zurückgehalten, in Richtung Entwertung, nicht in Richtung Unterstützung. Der Stiefelternteil kann seine Stiefkinder schlecht wertschätzen. Herzlicher Umgang fällt ihm schwer. Er ist *innerlich auf dem Sprung* (s. S. 81). Er ist in seiner Beziehung zu seinen Stiefkindern befangen.

Der Stiefelternteil könnte sich folgende Frage stellen: Da seine Stiefkinder auch die Kinder seiner Partnerin (oder ihres Partners) sind, müsste er (oder sie) an ihnen doch zumindest das entdecken können, was ihm an seiner Partnerin (oder an ihrem Partner) gefällt – wieso also nimmt er seine Stiefkinder vor allem als die Kinder des abwesenden Elternteils wahr? Die Antwort auf diese Frage müsste klären, in welchem Ausmaß unbewusste Rivalität die Wahrnehmung beeinflusst. Je mehr die Rivalität bewusst wird, umso mehr kann der Stiefelternteil sich distanzieren und im Patchwork-System beobachtende, fördernde, unterstützende und klärende Funktionen übernehmen.

Emily und John Visher benutzen in diesem Zusammenhang das Bild des »Co-Managers«. Der Stiefelternteil bewegt sich in der zweiten Reihe – in flankierender Funktion; er ist da, wenn er benötigt wird; er drängt sich nicht auf. Stiefväter haben da ihre Schwierigkeiten, schreiben Emily und John Visher: Sie »bringen oft die Geduld nicht auf und fühlen sich dadurch in ihrer Männlichkeit bedroht. Der sofortige Anspruch auf Autorität verstört jedoch in der Regel die Kinder«.[7]

Exkurs 2: Stiefväter-Rollen

Ingrid Friedl und Regine Maier-Aichen beschreiben in ihrer Studie drei verschiedene Stiefväter-Rollen:

1. Der »*bessere Vater*«, der »sich als geeigneter und verantwortungsbewusster« darstellte »und von den anderen Familienmitgliedern so gesehen« wurde. »Ihnen ist es wichtig«, so die Autorinnen, »sich als ›normale‹ Familie zu fühlen und das auch darzustellen: ›Die Kinder sagen, das ist unser Vater, und er sagt auch, ›meine Buben‹, und ich wäre verletzt, wenn er sagte, es wären nicht seine Kinder«[8] – meint die leibliche Mutter über den Stiefvater. Der abwesende leibliche Elternteil hat zum Patchwork-System keinen realen Kontakt mehr.

2. Der »*ambivalente Stiefvater*«, der mit seiner Stiefelternrolle ringt. »Sie fühlen sich unsicher in der Stiefelternrolle: Sie würden gerne mit ihren Stiefkindern eine authentische, vorbildliche und ungezwungene Vater-Kind-Beziehung haben, merken aber, dass ihnen dies emotional nicht in dem Maße gelingt, wie sie es sich wünschen«.[9] Sie machen Unterschiede zwischen ihren eigenen und ihren Stiefkindern und sind von den affektiven Diskrepanzen irritiert. Sie sind unsicher in ihren stiefväterlichen Interventionen. Der Kontakt zum abwesenden leiblichen Elternteil wird kaum gelebt; er ist durchsetzt von Rivalität und Eifersucht.

3. Der »*Freund-Stiefvater*«. »Als Stiefväter leben sie sehr bewusst mit der Tatsache, dass sie nicht Vater ihres Stiefkindes sind. Für sie ist zwar selbstverständlich und unumstritten, sich auf das Kind ihrer Partnerin einzulassen, eine Beziehung zu diesem aufzunehmen und es gern zu haben; sie verlangen weder, dass ihr Stiefkind seine emotionale Nähe zum eigenen Vater verleugnet, noch wollen sie diesen verdrängen.«

Sie haben ein eigenständiges Verständnis von ihrem Stiefvater-Sein, das unabhängig ist von der Art der Beziehung des Stiefkindes zu seinem leiblichen Vater. Auch ihre Frauen vermitteln ihnen nicht den Eindruck, dass sie sie mit dem ersten Ehemann und Vater der Kinder vergleichen; so fühlen sie sich nicht unter Druck, beweisen zu müssen, ein besonders guter Elternteil zu sein, ein Gefühl, das von Stiefmüttern ohne eigene Kinder oft beschrieben wird: Diese meinen, ihre Weiblichkeit und Mütterlichkeit durch starkes Engagement und liebevolle Zuwendung zu den Stiefkindern unter Beweis stellen zu müssen.

Im Gegensatz zu vielen Stiefmüttern haben die »Freund-Stiefväter« nicht die Sorge, dass ihre Partnerbeziehung abhängig ist von der Qualität ihrer Beziehung zu den Stiefkindern, das heißt, sie glauben nicht, »sich über das gute Verhältnis zu den Stiefkindern die Liebe ihrer Partnerin ›verdienen‹ und bewahren zu müssen. So können sie die Beziehung zu ihrem Stiefkind relativ unabhängig und unbelastet gestalten und sich entwickeln lassen. Grundlage ihres Selbstverständnisses als Stiefvater ist die gemeinsam erlebte Familiengeschichte und der gemeinsame Alltag. Sie sehen sich als ›Alltagsväter‹ und vor allem als Freund des Kindes und – im Gegensatz zu den ›ambivalenten Stiefvätern‹, denen die Rolle des Freundes zu wenig erscheint – fühlen sie sich wohl in dieser Rolle, die ihren Vorstellungen vom Leben mit einem Stiefkind entspricht.« »Bei uns gibt es den ›richtigen‹ und den ›nicht-richtigen‹ Vater, so einfach ist das. Und da gibt es auch kein Kompetenzgerangel«.[10] Der Kontakt zum abwesenden leiblichen Elternteil wird regelmäßig gepflegt.

Stiefmütter haben schlechte Karten

»Der erstaunliche Unterschied«, schreiben Gill Gorell Barnes, Paul Thompson, Gwyn Daniel und Natasha Burchardt in ihrer Studie von 50 (repräsentativ ausgesuchten) Erwachsenen (des Jahrgangs 1958), die in Patchwork-Familien aufwuchsen und die zu ihren Erfahrungen befragt wurden, ist, »dass im allgemeinen die Stiefväter mit weniger heftigen Gefühlen erinnert werden als die Stiefmütter. Werden die Stiefväter abgelehnt, dann persönlich eher wegen ihres gewalttätigen oder grausamen Verhaltens der Mutter gegenüber oder weil sie sich zurückgesetzt fühlten als aufgrund von Versuchen, in den Alltag der Stiefkinder einzugreifen«.[11] Offenbar haben Stiefmütter schlechte Karten.

Es gibt verschiedene Gründe. »Von den Stiefmüttern«, resümieren die englischen Autoren, »wurde mehr als von den Stiefvätern erwartet, und die Stiefmütter schienen von sich selbst auch weitaus mehr zu erwarten.« Die Vermutung, dass die Stiefmütter mit energischem Engagement gegen das weit verbreitete Bild von der angeheirateten, mörderischen Mutter ankämpfen, blende die Bedeutung und Funktion aus, welche der leibliche Vater in der Familie innehatte, heißt es. Anders als Stiefväter, die offenbar ihre Funktion, ihre Rolle und ihr Engagement in gewisser Weise gestalten können, finden sich Stiefmütter unvermittelt im Zentrum der Patchwork-Familie wieder: »Sobald sie zur Familie gehörten, übernahmen sie fast die gesamte Verantwortung für die häuslichen Aufgaben, entweder weil sie selber anderweitig nicht berufstätig waren oder weil sie weitaus weniger verdienten (als dass es sich gelohnt hätte, diese Tätigkeit fortzusetzen) oder aufgrund fragloser Annahmen geschlechtsspezifischer Rollen und Funktionen«.[12]

Eine Befragte, Victoria, beschrieb: »Wir hassten es, mit ihr zu leben; wir konnten sie absolut nicht ausstehen … Wir waren wie unbezahlte Dienstboten. Wir mussten das Haus von oben bis unten putzen«.[13] Auffällig war, wie Victoria ihren Vater schonte; während sie ihre Stiefmutter kritisierte, ihnen ihren Vater vorzuenthalten, gestand sie andererseits ein, dass er häufig abwesend war, beispielsweise »an Samstagen, um Golf zu spielen.«

Die Not der Stiefmütter wirkt wie die alte bekannte Geschichte: Die Väter, so rekonstruierten die Interviewer, kümmerten sich nicht angemessen um den Haushalt und hatten ihn verkommen lassen, wie man so schön sagt – dann waren es die Stiefmütter, die wie eine Reinigungsfirma einmarschierten und die eine häusliche Ordnung (eine mütterliche Umwelt) herstellten, die zu gestalten die Väter nicht in der Lage waren. Die Väter gaben sich als Jungen ihrer Frauen und überließen ihnen das Feld. Sie schafften es, von ihren Kindern als Opfer unerträglicher Frauen, die sie ausgebeutet und betrogen hatten, wahrgenommen zu werden. Sie zogen sich von ihren häuslichen Aufgaben zurück und ließen es laufen. Besonders die Jungen, die das Gefühl hatten, ihren Vater an die neue Frau zu verlieren, beschrieben ihre zunehmende Feindseligkeit ihren Stiefmüttern gegenüber. Das Problem der Stiefmutter, lässt sich aus diesen Befunden ableiten, ist das Problem des abwesenden Partners oder, mehr noch, das Problem eines dysfunktionalen Paares.

Ingrid Friedl und Regine Maier-Aichen beschreiben auch die Rollen und das Selbstverständnis der Stiefmütter. »Die Stiefmütter sind sehr bemüht, ihre eigene Rolle zu finden, sie haben die Bereitschaft, sich einzusetzen und sich den Gegebenheiten der Familie zu stellen.« Etwas gelingt nicht. Eine Stiefmutter übernimmt »anfänglich Ersatz-Mutter-Funktionen, merkt aber zusehends, dass sie diese Rolle nicht ausfüllen kann und leidet an der Ambivalenz gegenüber ihrem Stiefkind.« Eine andere Stiefmutter engagiert sich als »Retterin« und möchte die »Freundin« der heranwachsenden Töchter sein. »Als diese Vorstellungen nicht gelingen, nimmt sie die extreme Position ein, alle familiären Aufgaben und die Betreuung der Stiefkinder zu verweigern und sich im Zusammenleben vorwiegend auf die Beziehung zu ihrem Mann zu beschränken«.[14]

Die Autorinnen bilanzieren: »Anders als in den von uns untersuchten Stiefvaterfamilien, die mit einer gewissen Ambivalenz des Stiefvaters in seiner Rolle durchaus zurechtkommen, ist in den Stiefmutterfamilien die Beziehung zwischen Stiefmutter und Stiefkindern sehr konfliktreich; aus diesen Spannungen entstehen massive Konflikte zwischen den Ehepartnern, die die Paarbeziehung und damit den Familienzusammenhalt bedrohen«.[15]

In den USA, bemerkt Linda Nielsen in ihrer Untersuchung von Stiefmüttern,[16] sind rund 13 Millionen Frauen Stiefmütter. Davon leben acht Prozent mit ihren Stiefkindern das ganze Jahr über zusammen. Man kann es auch anders sagen: Die Stiefmütter werden von ihren Partnern nicht ausreichend geschützt. In der Patchwork-Familie ist eine ungleiche Aufgabenverteilung sinnvoll. Die leibliche Mutter sollte etwas von der Vaterrolle übernehmen – damit der Stiefvater davor geschützt ist, Aufgaben (der Disziplinierung, der Regelkontrolle) auszuüben, welche ihn sofort in Konkurrenz zu dem leiblichen Vater setzen würden. Das gilt prinzipiell ganz ähnlich für die Aufgabenverteilung zwischen leiblichem Vater und Stiefmutter. In der Patchwork-Familie muss der Vater auch etwas Mutter sein – vielleicht sogar mehr als nur etwas – und seine Partnerin davor schützen, dass sie allzu schnell zur Konkurrentin der leiblichen Mutter wird.

Diese Aufgabenverteilung scheint für Männer jedoch schwer zu sein. Es ist mehr als die sprichwörtliche Abneigung der Männer gegen die Hausarbeit – es liegt so nahe, der eigenen Frau gegenüber zum Jungen zu werden, der die mütterliche Versorgung mehr oder weniger erwartet, um damit eine alte Rechnung zu begleichen. Die Regression der Männer auf die Position von Jungen ist vielleicht der Ausdruck einer seltsamen Revanche an den Müttern für die enorme frühkindliche Abhängigkeit, die zur Lebenstatsache eines jeden einzelnen gehört. Donald Winnicott warnte einmal davor, die Leistungen der Mütter nicht anzuerkennen:

»Lassen Sie es mich noch einmal betonen: Die Anerkennung dieser Tatsache – wenn es erst einmal soweit ist – wird nicht etwa Dankbarkeit oder gar Lobeshymnen zur Folge haben. Sie wird vielmehr zur Verminderung einer tief in uns sitzenden Angst führen. Solange unsere Gesellschaft diese Abhängigkeit, die in den Anfangsphasen der Entwicklung eines jeden Individuums eine unleugbare Tatsache ist, nicht voll anerkennt, muss eine Blockierung zurückbleiben, sowohl in Richtung auf Fortschritt als auch in Richtung auf Regression, eine Blockierung, die von Angst herrührt. Wenn die Rolle der Mutter nicht wirklich erkannt und anerkannt wird, muß eine unbestimmte Angst vor Abhängigkeit zurückbleiben«.[17]

Es gibt einen weiteren Aspekt. In der Einleitung zu ihrem Buch zitieren Verena Krähenbühl, Anneliese Schramm-Geiger und Jutta Brandes-Kessel die Urfassung des Märchens *Schneewittchen*. Nicht die Stiefmutter, sondern die leibliche Mutter hegt dort mörderische Impulse gegenüber ihrem Kind.[18] Der »Mutterschaftsmythos«, schreiben die Autorinnen, wurde Mitte des 18. Jahrhunderts in den kulturellen Kreislauf gebracht. Die Urfassung des Märchens passte nicht mehr in die Zeit. Das Bild von der mörderischen Stiefmutter ist eine Projektion – eine jener metaphorischen Mülltonnen, welche sich als äußerst widerstandsfähig und langlebig erweisen und helfen sollen, die tiefe Ambivalenz einer ganzen Gesellschaft der Mutterschaft gegenüber zu entsorgen.

Exkurs 3: Formen von Stiefelternschaft

Ingrid Friedl und Regine Maier-Aichen haben drei, wie sie es nennen, »Bewältigungsformen der Stieffamiliensituation« typisiert:
– die »Als-ob Normalfamilie«
– die »ambivalente Stieffamilie«
– die »Aushandlungsfamilie«.[19]

Die »Als-ob Normalfamilie« schließt sich in ihrem Binnenverhältnis zusammen, im Außenverhältnis zum leiblichen Elternteil ab. Der abwesende Elternteil wird herausgedrängt; der Stiefvater ersetzt ihn; die Kontakte der Kinder zu ihrem Vater (oder ihrer Mutter) werden eingestellt. »Der Rückzug des Vaters«, kommentiert Hildegard Ewering, »ist typischerweise der Preis dafür, dass der Stiefvater in die Teilfamilie integriert werden kann. In diesem Fall wird die Beziehung zwischen Vater und Kind der Harmonie der neuen Familie bewusst geopfert«.[20]

Die »ambivalente Stieffamilie« und die »Aushandlungsfamilien« unterscheiden sich in ihrem Konfliktausmaß. Die familiären Besonderheiten werden in der »ambivalenten Stieffamilie« diskutiert. Sie »führen in großem Maße zur Reflexion des eigenen Handelns und damit eventuell zur Fähigkeit, Probleme zu lösen, gehen aber möglicherweise zu Lasten von Authentizität, Emotionalität und Spontaneität in den Familienbeziehungen«.[21] Die »Aushandlungsfamilien« entwickeln »eigenständige familiale Lebensformen. Dieser Familientypus ist gekennzeichnet von hoher Flexibilität und Autonomie jedes einzelnen und mag so eine geringere Dichte in den Familienbeziehungen beinhalten«.[22]

Roni Berger hat in einer amerikanischen Studie klinisch unauffällige Patchwork-Paare untersucht und ebenfalls drei familiäre Gefüge systematisiert:[23]

Die *integrierte Familie*. Die Vergangenheit (der früheren Familie) wird einbezogen, Differenzen werden akzeptiert. Die Kommunikationsbereitschaft des Paares bestimmt das Klima der Familie. Dieser Typus entspricht der *Aushandlungsfamilie*. Interessant sind Details, welche über die Beziehungsgestaltung Auskunft geben. Die Mutter trägt einen Doppelnamen, der beide Ehen repräsentiert, und stellt sich mit beiden Namen vor. Die Kinder sprechen ihren Stiefvater mit dem Vornamen an und stellen ihn als »Muttis Mann« und ihre Stiefmutter als »Papas Frau« vor. Die Eheleute stellen ihre Stiefkinder vor mit: »das Kind meiner Frau« oder »das Kind meines Mannes.« Die Eheleute fungieren jeweils nur für die eigenen Kinder als Eltern; bei ihren Stiefkindern halten sie sich möglichst heraus. Ein Stiefvater erklärt: »Ohne mich mit meiner Frau abzusprechen, interveniere ich nicht bei den Kindern.«

Die *Familie aus dem Nichts.* Nur die gegenwärtige Familie zählt. Die vergangene Familie wird so betrachtet, als ob sie nicht existiert hätte. Alte Beziehungskontexte, Erinnerungen und Ereignisse sind nur insoweit relevant, als von ihnen im Kontext der Patchwork-Familie gesprochen werden kann. Der Name des Stiefvaters ist der einzige Name, welcher auf dem Briefkasten und auf allen offiziellen Schreiben zu lesen ist. Die Stieftochter übernimmt den Namen ihres Stiefvaters. Die Mutter wollte »keine Fragen auslösen«. Die Stieftochter spricht ihren Stiefvater mit »Papa« an. Er spricht von ihr als »seiner ältesten Tochter«. Die alte Familie ist buchstäblich »tot«, als ob »sie niemals existiert hätte«. Der Kontakt zum leiblichen Elternteil ist stark eingeschränkt. Die Eheleute kommentieren diese Beziehung der Tochter zum leiblichen Vater so: »Sie ist an ihn nicht wirklich gebunden. Sie nutzt ihn nur aus.«

Die *übernommene Familie.* Die Mitglieder dieses Familientyps verhalten sich eher so, dass sie die alte Familie fortsetzen, als dass sie sich um ein neues familiäres Gefüge bemühen. Der Stiefelternteil übernimmt Funktionen und Rollen des leiblichen Elternteils, und die Patchwork-Familie setzt die alte Familie fort, als ob sich nichts verändert hätte. Die Kinder werden *aufgezogen*, als wären sie in der gegenwärtigen Familie geboren. Die familiäre Vergangenheit existiert – anders als bei der *Familie aus dem Nichts* –, aber sie wird nicht modifiziert – es ist so, als würde eine Familie ein Haus beziehen und dessen Einrichtung übernehmen, ohne sie zu verändern. »Die erste Ehe«, so eine Interviewaussage, »ist ausradiert. Was bleibt, ist das Kind und die Lektion daraus.«

Die *Familie aus dem Nichts* und die *übernommene Familie* kommen der *Als-ob-Normalfamilie* nahe. In den drei Patchwork-Systemen werden die Unterschiede zwischen den alten und den neuen Beziehungswirklichkeiten geleugnet. Die alten Kontexte werden nicht modifiziert, sondern ausgeblendet. Damit wird eine abrupte Trennung durchgesetzt und eine Art Schwarz-Weiß-Sicht eingeführt: Was war, ist schlecht, und was ist, ist gut. Es ist entweder der Stiefelternteil (zum Beispiel der Stiefvater), der den leiblichen Elternteil (die Mutter) und seine Stiefkinder auf diese Beziehungsideologie einzustimmen und festzulegen versucht. Der abwesende Elternteil ist ausgeschlossen. Der Stiefvater (oder die Stiefmutter) ist die lästige Konkurrenz los. Oder es ist der leibliche Elternteil (zum Beispiel die Mutter), der diese Beziehungswirklichkeit durchzusetzen versucht – eine Anstrengung, um den Stiefelternteil zu binden. Der Stiefelternteil ist entlastet von der Rivalität mit dem abwesenden Elternteil.

Beziehungserfahrungen und familiäre Bindungen lassen sich aber nicht mit einer forcierten Kehrtwendung (einem Beziehungsabbruch) aus der Welt schaffen. Wenn sie ihre Beziehungen zu dem abwesenden leiblichen Elternteil nicht mehr leben dürfen, werden die Kinder sie in ihren inneren Welten verkapseln und pflegen, vielleicht mit einem vagen Sehnen nach etwas Verlorenem, welches nicht gesucht werden darf. Die Folge ist ein Rückzug aus den Beziehungen innerhalb der Patchwork-Familie, verbunden mit einer sich vielleicht entwickelnden Beziehungsstörung. Das Verhältnis zum Stiefelternteil wird zunehmend geprägt von einer spannungsvollen Befangenheit – aus ihrer Beziehung zu ihm müssen die Kinder einen wichtigen Teil ihres Lebens heraushalten.

Verena Krähenbühl, Hans Jellouschek, Margarete Kohaus-Jellouschek und Roland Weber haben vier dysfunktionale Muster, wie sich Patchwork-Familien organisieren, gefunden – sie nennen sie: »Tabuisierung des Stieffamilie-Seins, Überengagement des Stiefelternteils, Funktionalisierung eines Mitglieds der Stieffamilie und Ausgrenzung/Rückzug eines Mitglieds der Stieffamilie«.[24]

1. die *Tabuisierung*: »Man gibt sich als ›normale‹ Kernfamilie, die Grenzen der Familie nach außen und nach innen werden nach dem Modell der Kernfamilie gezogen. Der getrennt lebende Elternteil wird mehr oder weniger ausgegrenzt, der Stiefelternteil wird als ›Vater‹ beziehungsweise ›Mutter‹ definiert und die Stiefkinder als deren ›Söhne‹ und ›Töchter‹. Die Unauffälligkeit als vergeblicher Schutz-Versuch.«

2. das *Überengagement*: »Der Stiefelternteil versucht, der ›bessere Vater‹ oder die ›bessere Mutter‹ zu sein.« Die »Rollenunsicherheit« des Stiefelternteils panzert sich in einem harschen, strengen Habitus, der sich um »Ordnung« und »Richtlinien« bemüht. Dieser Auftritt scheitert. Die Kinder rebellieren. Der Stiefvater verstärkt sein Engagement. Die leibliche Mutter ergreift die Partei ihrer Kinder. Der Stiefvater fühlt sich verraten. Das Patchwork-System stößt ihn möglicherweise aus.

3. die *Funktionalisierung* eines Mitglieds des Systems: Der Stiefelternteil wurde vom leiblichen Elternteil gesucht und verpflichtet, väterliche oder mütterliche Aufgaben zu erfüllen und den Vater oder die Mutter zu ersetzen. »Dies führt«, schreiben die Autorinnen und Autoren, »zu massiven Konflikten zwischen dem Stiefvater und den Stiefkindern« – und zu den gleichen Folgen wie beim *Überengagement*.

4. die *Ausgrenzung* und/oder der *Rückzug* des getrennt lebenden Elternteils: »Die Schwierigkeiten, die Beziehung zum getrennt lebenden Elternteil zu gestalten, werden scheinbar am gründlichsten dadurch beseitigt, dass der Kontakt zu ihm eingeschränkt oder unterbunden wird.« Das neue Paar, leiblicher und Stiefelternteil, entledigt sich der Anstrengung der Differenzierung und Integration der beiden neuen familiären Systeme. Aber ein lebendiges System – das des leiblichen, abwesenden Elternteils – lässt sich nicht entsorgen, weil es bereits durch und in den Kindern im Patchwork-System repräsentiert ist, die irgendwann die Beziehung zu dem entfernten Elternteil einfordern.

Gloria Messick Svare, Sydney Jay und Mary Ann Mason haben eine Pilotstudie zu Mustern von Stiefelternschaft vorgelegt.[25] Sie untersuchten eine Stichprobe von 21 Stief-Elternpaaren. Sie unterschieden zwischen diesen Mustern: 1. *Replication* (fünf Paare); 2. *Third Parent* (sechs Paare); 3. *Assistant Parent* (sechs Paare); 4. *Extended Family* (vier Paare).

1. *Replication* wiederholt gewissermaßen das System der früheren Kernfamilie – der Stiefvater besetzt den Platz des Vaters: *Single moms looking for a strong father figure* – alleinziehende Mütter suchen einen starken Vater, lautet die Formel der Autorinnen

dazu, wobei die Mütter jung, die Kinder klein und die leiblichen Väter weit entfernt waren. Alle Stiefväter dieser Gruppierung erwiesen sich als gute Väter.

2. *Third Parent*. In dieser Gruppierung waren alle Stiefelternteile Stiefmütter, die zu Beginn ihrer Kinder kinderlos waren. *Drittes Elternteil* bedeutet: Das leibliche Elternpaar kooperierte; beide Elternteile waren deshalb im Patchwork-System anwesend, und die Stiefmutter stellte sich auf diese Konstellation ein. Eine Befragte beschrieb so ihre Position im stieffamiliären System: »Ich bin die Mutter im Haus, aber es gibt die andere Mutter. Du tust all das, was ein Elternteil tut, aber du bist dennoch der dritte Elternteil, deine Meinung ist drittrangig.« Die Stiefmütter dieses Musters hatten, wie die Autorinnen und der Autor schreiben, »exzellente Beziehungen zu ihren Stiefkindern entwickelt.«

3. *Assistant Parent*. Der Stiefelternteil assistiert buchstäblich. Das Sagen hat der leibliche Elternteil. Wenn sie ihm sage, er solle die Kinder um 20.30 Uhr ins Bett bringen, dann mache er das und schalte den Fernseher dann aus, wird ein befragter Stiefvater zitiert. Dieses Muster ist ein in der US-Forschung zur Stiefelternschaft häufig beschriebenes Muster, das auch *Backup* oder *sekundäre* Stiefelternschaft in der US-Literatur genannt wird.[26]

4. *Extended Family* ist ein für die beteiligten Eltern-Systeme nicht einfach zu realisierendes Muster; denn die beiden aufeinander bezogenen Familiensysteme – das Patchwork-System und das System des abwesenden, leiblichen Elternteils und dessen Partner und dazu gehörige Kinder – weisen »permeable« Grenzen auf: Beide Systeme haben häufigen gemeinsamen Kontakt, Geschwister, Halbgeschwister und Stiefgeschwister sehen sich regelmäßig, geschiedene und wieder verheiratete und neue Partner wie Partnerinnen gehen sich nicht aus dem Weg. Das ist, wie die Autoren anmerken, für die Erwachsenen strapaziös und manchmal schräg, aber für die Kinder gut.

13. Die dringendsten Fragen und Antworten

»Was kommt in der Patchwork-Familie auf das Paar zu?«

»Fools rush in
Where wise men fear to tread«
Johnny Mercer, 1939

Probieren geht über Studieren, sagt man bei uns. Die Franzosen sagen: *Expérience passe science*. Die Engländer: *The proof of the pudding is in the eating*. Alle drei Alltagsweisheiten, überraschenderweise in einem gewissen Einklang, sagen: Manchmal muss man handeln, um etwas herauszufinden. Manchmal muss man zuerst Erfahrungen sammeln, um zu wissen, wo man sich befindet. Schwimmen kann man nur im Wasser. Aber man kann sich mit den Untiefen vertraut machen; nicht jeder See ist gleich, und jedes Meer ist verschieden. Liest man die Literatur zur Patchwork-Familie und hört man denen, die in dieser Lebensform leben (oder gelebt haben) zu, dann kann man eine Regel angeben: Das Ehepaar (leiblicher und Stiefelternteil) *überschätzt* sich in seinen sozialen Kompetenzen und *unterschätzt* die Anforderungen, welche das Patchwork-*System* an sie stellt.

Ein Elternpaar, guten Mutes und guten Willens, beginnt das Zusammenleben in einer Patchwork-Familie mit der Illusion, dass die gegenseitige Zuneigung und die gute Absicht, es besser als beim vorigen Mal zu machen, ausreichen. Es muss sich auf lange Diskussionen einstellen. Es muss eine Übereinkunft herstellen hinsichtlich der Rollen, Aufgaben und Funktionen der einzelnen Partner. Dafür sollte sich das Paar soviel Raum und Zeit einräumen wie möglich. Emily und John Visher bemerken, wie gesagt, dass die Patchwork-Familie ein starkes Paar benötige (s. Kap. 12). Anne Skopin, Barbara Newman und Patrick McKenry fanden in ihrer Studie über die Qualität der Beziehung des Stiefvaters zu seinen heranwachsenden Stiefsöhnen heraus, dass die Übereinstimmung des neuen Paares entscheidet; es sollte loyal und solidarisch sein.[1]

Ein besonderes Problem ist das Problem der Grenze. Es gilt als das Hauptproblem der Patchwork-Familie. Das Problem der Grenze ist das Problem der Trennung. Juristisch sind die leiblichen Eltern geschieden, räumlich sind sie getrennt; aber beide Elternteile sind dennoch im Patchwork-System anwesend. Linda Nielsen beschreibt den Fall einer Mutter, »die buchstäblich ins Haus einmarschierte, wenn sie die Kinder abholte, auch wenn ihr geschiedener Mann abwesend war, sich ein kühles Getränk eingoss, das Badezimmer benutzte und telefonierte«.[2]

Mit anderen Worten: Erhebliche Konflikte entstehen durch invasive Grenzverletzungen. Der Stiefelternteil, der die Vergangenheit seiner Partnerin (oder seines Partners) als vergangen glaubte, sieht sich am Trennungsprozess beteiligt und darin verwickelt. Die Trennung der Eltern der alten Familie muss als eine Trennung der beiden neuen familiären Systeme etabliert werden. Dafür werden Absprachen und Regeln notwendig, welche die getrennten Eltern miteinander auszuhandeln haben. Soll der Stiefelternteil sich dabei heraushalten? Die erste Empfehlung: Ja. Es ist die Sache der Eltern, ihre neue Beziehungswirklichkeit auszuhandeln. Gelingt das nicht, kommt der Stiefelternteil möglicherweise hinzu (ohne oder mit professioneller Hilfe).

Das zweite Problem ist die gewissermaßen naturwüchsige manifeste oder latente Konkurrenz zwischen leiblichem und Stiefelternteil. Beteiligt sich der Stiefelternteil am Aushandeln der Trennung des alten Paares, wird die Rivalität vielleicht real, und der Prozess des Aushandelns scheitert. Der Stiefelternteil sollte mit der eigenen Tendenz zur Rivalität rechnen und sich gut beobachten und kontrollieren; er oder sie sollte sich darauf einstellen, dass es schwer ist, den Impuls zur Konkurrenz zu unterdrücken.

»Was kommt auf den Stiefelternteil zu?«

Die Patchwork-Familie erfordert eine eigene Art von Elternschaft – eine eigene Aufgaben- und Funktionszuteilung. Der Stiefelternteil muss eine andere Position einnehmen. Er oder sie kann den Vater oder die Mutter nicht ersetzen, sondern nur eine eigene, Vater- oder Mutter-ähnliche Rolle finden. Das ist nicht einfach; denn die Sehnsucht, Vater oder Mutter der fremden Kinder zu sein, macht den Stiefelternteil bedürftig und verletzlich und positioniert ihn gegen die Stiefkinder, die verständlicherweise (wenn in der alten Familie keine pathologischen oder traumatisierenden Verhältnisse vorherrschten) an ihrer Beziehung zum leiblichen Elternteil festhalten wollen. Je mehr der Stiefelternteil in diese Beziehung drängt, weil er sich als Vater oder als Mutter aufdrängt, umso mehr stößt er auf die Gegenkräfte seiner Stiefkinder. Sie schützen dann ihre Beziehung zu dem leiblichen Elternteil vor dem Stiefelternteil, verkapseln sie in ihren inneren Welten und werden unzugänglich, vielleicht bockig und schwierig.

Pauline I. Erera Weatherly hat fünf Stile von Stiefelternschaft typisiert und gefragt, welche Umgangsform für das Patchwork-System die wirksamste Haltung darstellt:

1. der »biologische« Stil. Der Stiefelternteil pflegt ein Beziehungsmuster, mit welchem er seine Stiefkinder dazu auffordert, ihn als ihren Vater anzusehen und zu behandeln;

2. die »Super-Mutti«. Die Stiefmutter, die die leibliche Mutter zu übertreffen sucht;

3. der »zurückgezogene, distanzierte« (*detached*) Stil. Der Stiefelternteil kommuniziert aus der Ferne und ist desinteressiert. Typisch ist die Aussage einer Befragten: »Ich kann nicht sagen, dass ich seine Kinder liebe oder hasse. Ich habe einfach keine innere Verbindung«;

4. der »unsichere« Stiefelternteil, der nicht weiß, welche Rolle und Funktion er einnehmen sollte;

5. der »freundschaftliche« Stil. Der Stiefelternteil konkurriert nicht mit dem abwesenden Elternteil; er versucht auch nicht, ihn zu dominieren oder zu überschatten.[3]

Der Stiefelternteil ist dann effektiv, wenn es ihm gelingt, den Platz in der zweiten Reihe hinter dem leiblichen Elternteil einzunehmen. Der »freundschaftliche« Stil gibt eine Orientierung: der Stiefelternteil versteht sich nicht als Eltern-Ersatz, sondern als ein Mentor, der seine Stiefkinder nicht diszipliniert, sondern sie fördert, ihnen sein Verständnis von der Welt (von der Gesellschaft) erläutert und sie bei der Anstrengung unterstützt, den eigenen Weg zu finden. So konkurriert er oder sie nicht um die Position des besseren Vaters oder der besseren Mutter. Er drängt sich nicht auf; er tritt zurück. Er steht zur Verfügung als ein väterlicher Freund oder eine mütterliche Freundin. Er sorgt für die Funktionsfähigkeit der Patchwork-Familie. Das andere System (des abwesenden Elternteils) reizt ihn nicht sonderlich; er kontrolliert seinen Impuls, dort einzugreifen.

»Was sagt die Forschung?«

»Ein gigantisches Experiment« nannte Sarah McLanahan die familiäre Lebensform, in welcher ein Elternteil allein (zumeist die Mutter) seine Kinder betreut, versorgt, fördert und unterstützt.[4] Die Frage, wie sich die Erfahrungen in einer Patchwork-Familie auf die Lebenstüchtigkeit und Lebenszufriedenheit ihrer Mitglieder, vor allem der Kinder, auswirken, ist schwer zu beantworten. Skepsis und vorsichtiger Optimismus halten sich die Waage. 1995 veröffentlicht Wassilios E. Fthenakis die Arbeit *Kindliche Reaktionen auf Trennung und Scheidung*. Er schließt mit dem Fazit, »dass eine relativ große Anzahl der Kinder von heute familiale Erfahrungen machen, die mit hoher Wahrscheinlichkeit negative Konsequenzen für ihr eigenes Familienleben haben werden«.[5]

Vier Jahre später schreibt Paul R. Amato, ein prominenter amerikanischer Familienforscher: »Vielleicht sollten wir alarmiert sein, ob es der nächsten Generation gut gehen und wie die Zukunft unserer Gesellschaft aussehen wird.« Er resümiert: Junge amerikanische Erwachsene, die, in einem Patchwork-System aufgewachsen, ihr Leben aufnehmen, beginnen »mit einer weniger guten Ausbildung, geringerem Verdienst, geringerem Vermögen, weniger zufriedenen Ehe-Beziehungen, einer höheren Scheidungswahrscheinlichkeit, weniger Zuneigung für die Eltern (besonders für die Väter), geringerem Austausch über Unterstützung von ihren Vätern und geringerem Niveau subjektiven Wohlbefindens«.[6] Obgleich diese Unterschiede statistisch auffällig sind, ist das Ausmaß der Unterschiede gering, relativiert Paul Amato. Lebensverhältnisse sind enorm komplex und schwierig zu untersuchen. In der Ursprungsfamilie bei seinen Eltern aufzuwachsen, garantiere dennoch kein glückliches Leben, so Paul Amato, und andererseits schließe das Leben in einer Patchwork-Familie künftiges Glück nicht aus.[7]

A.P. Spruijt von der Universität Utrecht fand heraus, dass Jugendliche aus Patchwork-Familien häufiger moderne Ansichten über Beziehungsgestaltungen haben als Kinder aus sogenannten intakten Familien[8]. James H. Bray, amerikanischer Familienforscher, fand den sogenannten »sleeper effect« der Scheidung (deren Langzeitwirkung) bestätigt: »Kinder, die im Alter von vier und sechs Jahren die Scheidung ihrer Eltern erleben, fangen dann an, sich mit ihren Lebenserfahrungen auseinanderzusetzen, wenn sie das Stadium der Adoleszenz erreichen«.[9] So ist es besonders für Patchwork-Familien mit Kindern in der Pubertät schwierig, sich zu konsolidieren. »Jüngere Kinder«, so James Bray, »scheinen ihre Stiefeltern schneller zu akzeptieren als junge Heranwachsende«.[10] Und es sind eher die Jungen, die dies können, als die Mädchen.

James Bray hat die seelische Befindlichkeit von Kindern aus Patchwork-Familien untersucht. Demnach waren 80 Prozent der Kinder unauffällig, während 20 Prozent der Kinder Verhaltensauffälligkeiten aufwiesen, welche behandlungsbedürftig (psychotherapeutisch-psychiatrisch) waren – verglichen mit 10 Prozent der Kinder aus Ursprungsfamilien. Insofern sind Kinder aus Familien mit einem Elternteil und einem Stiefelternteil (Patchwork-Familien) eher gefährdet, »Entwicklungsprobleme, Lernprobleme oder emotionale Probleme« zu entwickeln,[11] so James Bray. Das Problem ist, dass die Forschung weniger den Erfolg von Adaptationsleistungen untersucht als vielmehr, was nahe liegend und methodisch eher zugänglich ist, die Probleme und Defizite von Entwicklungsprozessen bei Kindern und Heranwachsenden.

»Wie erleben die Kinder die Scheidung ihrer Eltern?«

Für die Kinder verliert die familiäre Umwelt mit der Scheidung die Halt und Sicherheit gebenden Funktionen. Kinder fühlen sich und sind mit der Not ihrer Unsicherheit und Verunsicherung allein. Sie sind alarmiert und schockiert.[12] Sie suchen nach Orientierung. Außerdem erleben sie, wie ihre Eltern in ihren elterlichen Funktionen, aber auch als Vorbilder für Mütterlichkeit und Väterlichkeit, für Weiblichkeit und Männlichkeit ausfallen. Identifikations- und

Internalisierungsprozesse sind erschüttert und, als hätte eine Art Vollbremsung der Sozialisation stattgefunden, *unterbrochen*. Sie laufen Gefahr, auf dem Entwicklungsniveau zu verbleiben, welches sie zur Zeit der Trennung ihrer Eltern erreicht haben. Können sie keine korrigierende Erfahrungen in einer Patchwork-Familie machen, welche ihnen gute Vorbilder präsentiert, wird das zum Zeitpunkt der Scheidung erreichte Entwicklungsniveau der Beziehungsgestaltung, der Sicherheit weiblicher und männlicher Identität und der Sicherheit der Generationsgrenzen (womit das fragile Gefüge der ödipalen Konstellation gemeint ist) innerlich *verkapselt*. In ihrer inneren Welt bleiben sie mit ihren Beziehungen zu dem leiblichen Elternpaar beschäftigt und schützen sie vor der Beziehungswirklichkeit der Patchwork-Familie. Ein Beziehungsrückzug ist die Folge. Charakteristisch ist die junge Frau, die sich in ihrem Zimmer verschließt, um sich die Fotos ihrer geschiedenen Eltern anzuschauen und ihre Erinnerungen an sie lebendig zu halten – während sie den Stiefelternteil aus ihrer inneren Welt buchstäblich aussperrt.

Wenn die Mutter nicht mehr Vaters Frau ist, und der Vater nicht mehr Mutters Mann – *Was sind sie dann?*, lautet die beunruhigende untergründige Frage von Kindern, die erschreckt feststellen, dass sich ihre Beziehungswirklichkeit zu verändern droht. Mit einem Male stellt sich das Problem der Ödipalität – die innere Abgrenzung von den Eltern als dem Paar, das zur älteren Generation gehört – neu. Die Kinder können sich als Ersatz-Partner wähnen, und der Stiefelternteil hat es dann schwer, seinen Platz zu finden als Mutters Mann oder Vaters Frau. Deshalb sind die Auseinandersetzungen mit adoleszenten Kindern in der Patchwork-Familie so heftig und strapaziös: Psychoanalytisch gesprochen, muss die ödipale Konstellation erneut einreguliert werden. Für das alte und das neue Paar kommt es darauf an, die Generationsgrenzen zu erhalten: Das alte Elternpaar bleibt für die Kinder das Paar, und das Patchwork-Paar darf keinen Zweifel daran lassen, dass der Stiefelternteil Mutters Mann oder Vaters Frau *ist*.[13] Das Paar muss sich in der Beziehungswirklichkeit dieses familiären Gefüges als Paar etablieren. Das Paar muss sich als Paar verstehen und als Paar miteinander einverstanden, zufrieden und glücklich sein, das belegt die amerikanische Forschung. Pflegt das Paar eine dysfunktionale Beziehung, in welcher der Stiefelternteil keine für das familiäre Gefüge hilfreiche Position einnimmt, wird das Patchwork-System voller Konflikte bleiben.[14]

Ludwig F. Lowenstein beschreibt als eine der alarmierendsten Scheidungsfolgen die Schwächung der Rolle des Vaters in der Familie, was zu dem *Parental Alienation Syndrome* führe – zum Syndrom der elterlichen Entfremdung. Wenn der Vater im inneren Gefüge des Kindes an Bedeutung verliert, droht der Entwicklungsrückschritt, der mit den späteren, sogenannten Verhaltensauffälligkeiten verbunden ist.[15]

»Sollen wir der Kinder wegen zusammenbleiben?«

Ja.

Kinder wünschen – wenn sie nicht in gewalttätigen, ausbeuterischen und dissozialen Bedingungen leben – keine Trennung der Eltern. Die Frage ist die verständliche Formel des schlechten Gewissens. Man kann sie übersetzen als die Frage des Elternpaares, das sich in die Augen sieht und feststellt, kein Liebespaar mehr zu sein. Es ist die Frage nach der Geschichte des Verschleißes von Gemeinsamkeiten und Zuneigungen, von Enttäuschungen und Kränkungen, von der Erfahrung, dass die eigenen Bilder von der Partnerin oder dem Partner nicht mehr tragen. Was macht man dann? Man denkt nicht an die Kinder, sondern an sich und fragt nach dem, was einen verbindet. Sidney M. Jourard, der australische Familientherapeut, hat Anfang der 80er Jahre bei uns eine Arbeit veröffentlicht, deren Quintessenz so lautet: Man kann mit dem ersten Partner oder der ersten Partnerin auch leben, was man glaubt, nur mit einem anderen leben zu können.[16] Wenn diese Fragen angemessen geklärt sind, kann das Paar an die Kinder denken.

Eines ist sicher: Der Umgestaltungsprozess der familiären Gefüge (Auflösung des alten Systems, Konsolidierung zweier neuer Systeme) ist für die Kinder enorm schmerzlich. Die Opfer sind die Kinder; sie zahlen den höchsten Preis. Die Wirkungen dieses Prozesses auf die Kinder hängen neueren Forschungsergebnissen zufolge[17] von zwei Faktoren ab:

Erstens von der *Qualität der Trennung*, welche die leiblichen Eltern in ihrer neuen Beziehungswirklichkeit realisieren. Mit anderen Worten: Sind die Eltern wirklich getrennt oder noch in irgendeiner Weise konfliktuös gebunden? Zweitens von der *Qualität der Übereinkunft*, welche das Patchwork-Elternpaar hinsichtlich ihrer Aufgaben und Funktionen erzielt.[18] Damit sind nicht nur dessen erzieherische Konzepte, sondern dessen schwierige Beziehungsbalance zum abwesenden Elternteil gemeint. Einerseits muss die Trennung realisiert sein, wozu auch gehört, dass der Stiefelternteil imstande ist, die Konkurrenz zum abwesenden Elternteil zu vermeiden, andererseits muss der Zugang zum abwesenden Elternteil *offen und (möglichst) unbelastet* sein, damit er in seiner Bedeutung und Funktion für die Kinder erhalten bleibt – die Kinder müssen ihren Kontakt zu ihm halten und pflegen können. Das Funktionieren der Patchwork-Familie hängt von einem tolerierten, wohlwollenden Verhältnis zum abwesenden Elternteil ab.[19]

Kinder benötigen Eltern, die Vorbilder für gute Elternschaft und Erwachsenheit sind. Zerstrittene Eltern sind schlechte Vorbilder und insofern nicht hilfreich, als die Kinder Beziehungsmuster übernehmen, welche ihre spätere Beziehungsgestaltung erschweren oder belasten. Die Frage *Sollen wir der Kinder wegen zusammenbleiben?*, sollten Eltern, die sich zu trennen beabsichtigen, anders stellen – nämlich: Können wir auch später noch gute Eltern-Vorbilder sein? Und gelingt es uns, für die Kinder Eltern zu *bleiben*?

Die andere Frage, die sich Eltern vorlegen sollten, lautet: Sind wir psychisch und physisch in der Lage, uns zu trennen? Oder werden die Konflikte, die Spannungen, die Kränkungen, der strapaziöse Alltag und die Not, sich möglicherweise allein und einsam aushalten zu müssen, und die finanziellen Belastungen über die eigenen Kräfte gehen? Die Eltern, die sich zu trennen wünschen, sollten diese Frage gründlich besprechen.[20]

»Sollen die Kinder entscheiden?«

Die Kinder können nicht entscheiden, bei welchem Elternteil sie in welchem Rhythmus leben wollen. Natürlich müssen die Eltern mit ihren Kindern die künftigen Lebensweisen besprechen und herausfinden, was sie sich wünschen. Entscheiden können die Kinder aber nicht. Die Aufforderung *Die Kinder sollen entscheiden*, klingt nach der Absicht besorgter Eltern, sich zugunsten ihrer Kinder zurückzunehmen. Sie ist aber doppelbödig. Sie erinnert an das Standardbeispiel einer konfusen Kommunikation. Eine Mutter schenkt ihrem Sohn ein grünes und ein blaues Hemd. »Willst du es nicht einmal anprobieren?«, fragt sie ihn. Der Sohn streift das blaue Hemd über. »Oh, magst du das grüne Hemd nicht?«, moniert die Mutter.

Die Aufforderung *Die Kinder sollen entscheiden*, enthält die Botschaft, sich für *einen* Elternteil zu entscheiden. Sie ist das zu Lasten der Kindern den Kindern aufgehalste Plebiszit über die Eltern: Wen magst du mehr? Die Kinder spüren: Bevorzugen sie den einen Elternteil, kränken sie den anderen. Aber die Kinder wollen gar nicht entscheiden; sie wollen beiden Elternteilen gegenüber loyal bleiben und sich nicht entscheiden müssen. Die Eltern sollten sie nicht vor die Alternative, sich für diesen oder jenen Elternteil entscheiden zu müssen, stellen.

Das Eltern-Plebiszit hat eine andere Seite. Wer die Kinder auffordert, sich für den einen oder anderen Elternteil zu entscheiden, signalisiert auch die Erwartung, dass die Kinder sich *nicht* entscheiden mögen – und dass sie – den Eltern zuliebe – damit eine irritierende Lebenswirklichkeit unterstützen, welche den Trennungsprozess lähmt. Entscheiden die Kinder nicht und halten an ihrer Loyalität und an ihrem Wunsch fest, keinen Elternteil zu kränken, verstehen die Eltern dieses Votum des Zögerns als eine *fifty-fifty*-Lösung: die Hälfte (oder nicht ganz die Hälfte) hier und die andere dort. Die Kinder pendeln dann vom System der Mutter zum System des Vaters, vom System des Vaters zum System der Mutter. Die Kinder fungieren, von den Eltern dazu gedrängt, als eine Art Bindemittel, welches die beiden Systeme verklebt. Die Eltern kommunizieren, wenn auch indirekt, viel miteinander. So wird die latente Illusion der Nicht-Getrenntheit in der Lebenswirklichkeit einer Trennung gelebt. Eine konfuse Wirklichkeit wird von unklaren Eltern erzeugt, die zwar getrennt sind, sich aber nicht trennen wollen.

»Eine Woche leben die Kinder hier, die andere dort.«

Es gibt klare Regelungen, die verunklaren. Ein Elternpaar trennt sich und legt als Besuchsregelung fest, dass die Kinder die eine Woche im väterlichen, die andere Woche im mütterlichen System leben. Eine einfache Vereinbarung; kein Elternteil wird bevorzugt, keiner benachteiligt. Die Kinder sehen, dass ihre Eltern sich nicht um sie streiten, sondern ihre Abwesenheit in der einen oder anderen Familie unter sich aufteilen wie der besorgte Gastgeber, der den Kuchen penibel aufschneidet. Soziale Gerechtigkeit im Umgang mit den eigenen Kindern.

Was sehen die Kinder noch? Eltern, die sich nicht trennen können. So wie die Eltern früher *als* Paar im gleichen Umfang (im Großen und Ganzen) zur Verfügung standen, abends beim Essen, Spielen, Diskutieren, Fernsehen, sind sie es heute auch. *Die Eltern machen keine deutlichen Unterschiede.* Sie entwickeln keine neue Beziehung, welche die Trennung realisiert, sondern leben ihren alten Beziehungskontext fort. Sie bleiben, in der Wahrnehmung der Kinder, weiterhin zusammen. Sie zwingen ihren Kinder die permanente (indirekte) Beschäftigung mit ihnen auf – was brauchen wir, müssen sie sich ständig fragen, beim Vater, was bei der Mutter –: sie kommen nicht zur Ruhe. Sie sind Wechselbädern ausgesetzt. Ein subtiles Zerren findet an ihnen statt, eine heimliche Konkurrenz um sie. Die Kinder vergleichen, weil sie sich orientieren müssen. Und jeder Vergleich bringt die getrennten Eltern in der inneren Welt der Kinder zusammen. Sie spüren: Ihre Eltern, die den Streit um sie zu vermeiden suchen, liegen im stillen, heftigen Streit miteinander. Die Abwehr und das Abgewehrte, ist eine psychoanalytische Faustregel, liegen dicht beieinander. Sie spüren: Ihre Eltern, die ihre Anwesenheit bei ihnen so sorgfältig austarieren wie eifersüchtige Geschwister, sind noch nicht getrennt. Das nährt die tröstende Illusion der Unwirklichkeit der Trennung. Dennoch sind, nicht nur auf dem juristischen Papier, die Eltern getrennt, deren Ehe aufgelöst. Es ist verwirrend. Den Kindern wird nicht geholfen, die Trennung ihrer Eltern zu realisieren.

Es gibt für Eltern andere Überlegungen, zu entscheiden, wie ihre Kinder leben sollten. Sie sollten möglichst in ihren gewohnten

Lebenskontexten verbleiben. Sie haben mit der Trennung ihrer Eltern genug zu tun. Sie sollten bei dem Elternteil leben, der sie am besten versorgen, unterstützen, fördern und trösten kann. Der eine Elternteil tritt vor, der andere zurück. Darauf verständigen sich die Eltern. Sie realisieren ihre Trennung in getrennten Beziehungskontexten und halten den regelmäßigen Kontakt zu ihren Kindern. Das ist unvermeidlich. Der Kontakt der Kinder zum abwesenden Elternteil wird etabliert und kontinuierlich in einem bestimmten verpflichtenden Rhythmus gepflegt. Der abwesende Elternteil ist weiterhin erreichbar und steht zur Verfügung. Wer welche elterlichen Funktionen in dieser Lebenswirklichkeit der Trennung übernimmt, handelt das geschiedene Elternpaar aus. Die subtile Konkurrenz der Eltern hört auf.

Dual residence – »doppelter Wohnsitz« – lautet in der amerikanischen Untersuchung von Christy Buchanan, Eleanor Maccoby und Sanford Dornbusch der Begriff für das Wohnen in zwei Haushalten. Die Wissenschaftlerinnen bemerken, dass die Heranwachsenden in ihrer Entwicklung davon profitieren, zu beiden leiblichen Elternteilen einen befriedigenden Kontakt zu halten. Voraussetzung ist, dass beide Elternteile nicht »im Konflikt miteinander« sind.[21] Was die Autorinnen mit »Konflikt« benennen, ist die Auseinandersetzung der Eltern um die Realität der Trennung. Inwieweit die Eltern in ihrer Beziehungswirklichkeit getrennt sind, ist der entscheidende Faktor.

Sind die Eltern in ihrer Beziehungswirklichkeit getrennt, dann sind die beiden familiären Systeme wirklich andere, unverbundene Gefüge, in denen die Kinder unbelastet leben und ihre Beziehungen gestalten können. Unbelastet, weil der anwesende leibliche Elternteil keinen bewussten oder unbewussten, offenen oder sublimen Versuch macht, in Gegenwart der Kinder den abwesenden Elternteil zu erreichen. Sind die Eltern dazu in der Lage, können ihre Kinder von der Trennung und den neuen Beziehungsgefügen profitieren. Sind sie noch nicht getrennt, funktionalisieren sie ihre Kinder für ihren Trennungsprozess, lähmen sie und fördern deren Rückzug in die inneren Welten.

»Zu wem soll ich halten? Zu meinen Kindern? Oder zu meinem Partner oder meiner Partnerin?«

Auf diese Alternative sollte der leibliche Elternteil es nicht ankommen lassen. Wer sich in einer Patchwork-Familie – wie in einem anderen Familiengefüge – auf die eine Seite schlägt, vergrault und verliert die andere. Der leibliche Elternteil (siehe Kap. 5) muss ein schwieriges Beziehungsmanagement leisten: Er oder sie ist gefordert, den Kindern gegenüber loyal zu sein, deren Interessen zu berücksichtigen und die Beziehungen zu ihnen zu vertiefen, den abwesenden Elternteil in seiner Bedeutung und Funktion zu erhalten, den Stiefelternteil in seiner Rolle und (anderen) Funktion zu unterstützen und ihn, so gut es geht, vor dessen eigenen aggressiven Impulsen der Rivalität (mit dem leiblichen Elternteil) und der Revanche (für die Kränkungen, welche das Patchwork-System ihm zufügt) zu schützen. Der leibliche Elternteil muss sich um das bemühen, was der Kinderpsychiater und Psychoanalytiker Donald Winnicott als Form reifer Erwachsenheit beschrieben hat: unterschiedliche, aber balancierte Beziehungen zu mehreren Menschen gleichzeitig gestalten und halten zu können.

Einige Bemerkungen zum gemeinsamen Sorgerecht

Das seit dem 1. Juli 1998 in Kraft getretene, veränderte Kindschaftsrecht sieht als Regelfall das gemeinsame Sorgerecht der getrennten Eltern vor. Damit sollten die Väter, die sich früher sehr selten das gemeinsame Sorgerecht mit den Müttern teilten, eingebunden und beteiligt werden an den Prozessen der Förderung und Unterstützung ihrer Kinder. Wie die von dieser Regelung zur Kooperation aufgeforderten Eltern nun tatsächlich kooperieren, ist (meines Wissens) unklar und bedarf der Forschung. Wer garantiert und kontrolliert, ob die Eltern kooperieren? Sowie das Gericht die Versorgungsleistungen überprüft, die Unterhaltszahlungen festlegt, müsste es einen Kooperationsvertrag einfordern, in welchem die getrennten Eltern sich verpflichten, sich in bestimmten Rhythmen zu bestimmten relevanten Lebenskontexten zu verständigen:

1. über ein Konzept geteilter oder getrennter (guter) Elternschaft
2. über die Rhythmen, in denen die Kinder einmal in dem einen, das andere Mal in dem anderen familiären System leben
3. über die Qualität der elterlichen Betreuung, Förderung und Unterstützung der schulischen Leistungen (Frage der Kontrolle der Hausaufgaben, Frage der Nachhilfe)
4. über die Förderung und Unterstützung der Interessen und Wünsche der Kinder im Kontext ihrer Entwicklungsaufgaben (Fähigkeit spielen zu können; in Gegenwart anderer allein sein zu können; Fragen des – beispielsweise – Musikunterrichts oder eines Sportvereins)
5. über die Förderung und Unterstützung kultureller Techniken (beispielsweise die Frage des eigenen Rechners, des Zugangs zum Internet) und kultureller Auseinandersetzungen (Frage der Medienkompetenz und des Medienkonsums) im Hinblick auf die berufliche Orientierung
6. über das Ausmaß der Teilnahme am gesellschaftlich propagierten Konsum (Frage des Taschengeldes und zusätzlicher finanzieller Zuwendungen)
7. über die im weitesten Sinne medizinische Versorgung und über die Ernährung.

Inzwischen liegen Erfahrungen mit dem neuen Sorgerecht vor. Cathrin Kahlweit, Autorin der *Süddeutschen Zeitung*, kommt in ihrem Text *Weniger Probleme, bessere Noten* zu einem skeptischen und positiven Votum: »Das gemeinsame Sorgerecht hat sich bewährt.« Sie schreibt: »Konflikte und Kontaktabbrüche werden seltener. Väter zahlen bei gemeinsamem Sorgerecht zu knapp 90 Prozent Unterhalt – sind nur die Mütter berechtigt, tun dies rund zwanzig Prozent weniger«.[22] Allerdings scheinen sich die alten Kämpfe um das Sorgerecht auf das Umgangsrecht zu verlagern. Die Frage bleibt, wie das getrennte Elternpaar seine Lebenspraxis mit und für die Kinder gestaltet. Gerhard Amendt zieht in seinem Buch *Scheidungsväter* ein sehr kritisches Resümee: »Nach allen unseren Erfahrungen bleibt diese Erfahrung in nicht wenigen Fällen illusionär. Auch unsere Forschungsergebnisse zeigen, dass sich ungelöste Paarprobleme regelmäßig zum Nachteil der Kinder auswirken«.[23]

Die Fähigkeit der Eltern, Eltern zu bleiben, ist weiterhin dringend gefordert und bedarf einer klugen, institutionalisierten pädagogischen und psychologischen Begleitung und Unterstützung.

»Welcher Typus von Patchwork-Familie ist am günstigsten?«

Eine Patchwork-Familie ist ein komplexes System. Man kann es in mehreren Hinsichten beschreiben. Es macht einen Unterschied, ob die Position und Funktion der Mutter oder des Vaters von einem Stiefelternteil besetzt wird. Je nachdem können wir von einer Stiefmutter-Familie (Vater, dessen Kinder, Stiefmutter, möglicherweise gemeinsame Kinder) oder von einer Stiefvater-Familie sprechen (Mutter, deren Kinder, Stiefvater, möglicherweise gemeinsame Kinder). Haben beide Partner eigene Kinder, sprechen wir von einer zusammengesetzten Stieffamilie – einer richtigen Patchwork-Familie aus Mutter und deren Kindern, Vater und dessen Kindern und aus gemeinsamen Kindern; beide leiblichen Elternteile sind zugleich Stiefelternteile. In dieser Familie leben Stiefgeschwister, Halbgeschwister und Geschwister unter einem Dach.

Diese drei Typen von Patchwork-Familien unterscheiden sich im Ausmaß ihrer Konflikte und Spannungen. Übernimmt der Stiefelternteil mütterliche Aufgaben und Funktionen, entsteht häufig ein sehr konfliktreiches Patchwork-Gefüge. Das hat damit zu tun, dass der Stiefelternteil offenbar unausweichlich in eine starke *direkte* Konkurrenz zur leiblichen Mutter gerät – die Stiefmutter greift ganz anders in den familiären Alltag ein als ein Stiefvater, der – dem gängigen, weit verbreiteten Rollenverständnis zufolge – mit der Organisation der familiären Umwelt weitaus weniger zu tun hat. Hinzukommt, dass die Stiefmutter von ihrem Partner häufig nicht genügend davor geschützt wird, zu einer Konkurrentin der leiblichen Mutter zu werden – es ist für den leiblichen Vater angenehm, der eigenen Frau die mütterlichen Funktionen anzulasten, weil er sich auf die Rollenverteilung zurückziehen kann, welche in der alten Familie bestand. Damit sind die Kinder oft nicht einverstanden: Sie wünschen nicht, dass ihre Mutter *ersetzt* wird. Deshalb hat die Stiefmutter, die die den Platz der Mutter einzunehmen versucht oder dazu gedrängt wird, eine sehr umstrittene Position im Patchwork-Gefüge. Die Konflikte und Spannungen sind groß.

Stiefväter haben dagegen vergleichsweise günstige Karten. Mütter bereiten ihre leiblichen Kinder auf den neuen Elternteil vor und führen ihn ganz anders in die Familie ein als Väter ihre neuen Partnerinnen. Der Stiefelternteil, der väterliche Aufgaben und Funktionen erfüllt, tritt eher in eine *indirekte* Konkurrenz zum leiblichen Vater. Die Kinder nehmen ihn eher auf und bekämpfen ihn nicht so heftig wie die Stiefmutter. Die Konflikte und Spannungen sind ebenfalls groß, aber haben nicht die Qualität der Unversöhnlichkeit, die Patchwork-Familien mit einer Stiefmutter häufig aufweisen.

Patchwork-Familien, in denen die leiblichen Eltern auch Stiefeltern sind, weisen ein vergleichsweise günstiges Klima auf. Der entscheidende Unterschied besteht darin, dass das Elternpaar sich über seine Stiefelternschaft austauschen kann – der Stiefelternteil ist nicht allein; die beiden Stiefelternteile entlasten das familiäre Gefüge. Die mit der Patchwork-Familie verbundenen Probleme – die Fremdheit des Stiefelternteils, die Konkurrenz mit dem leiblichen Elternteil, die Erfahrung von Ausgeschlossensein, welche den Stiefelternteil strapaziert, die asymmetrische Elternschaft, die unterschiedlichen familiären Traditionen und Kulturen – *verteilen* sich auf ein Gefüge, welches eher eine Balance aufweist. Kinder benötigen gute und zahlreiche Beziehungen für ihre Entwicklung. Die Patchwork-Familie dieses Typus stellt den Kindern diesen Entwicklungsanreiz am ehesten zur Verfügung.

»Darf der Stiefelternteil etwas über den abwesenden Elternteil sagen?«

Früher sprach man von neutralen Staaten. Inzwischen weiß man: Neutrale Staaten sind nicht neutral. Sie verheimlichen ihre Beziehungen. Einst kursierte das Konzept von dem neutralen Psychotherapeuten. Der Therapeut oder die Therapeutin ist auch nicht neutral. Er oder sie ist beteiligt. Er oder sie hat seine oder ihre Meinungen, Vorurteile und Überzeugungen, welche die Patientin oder der Patient errät oder registriert. Aber die Therapeutin oder der Therapeut kann kontrollieren, wann und wie sie oder er sich einmischt und Stellung bezieht.

Die Patchwork-Familie kennt auch keine Neutralität. Auch wenn er oder sie keine Stellung beziehen möchte, nimmt der Stiefelternteil eine Position ein. Die Frage ist auch hier, wann und wie der Stiefelternteil sich einmischt. Die Kinder prüfen natürlich auch den Stiefelternteil; sie testen dessen Integrität und Fairness. Sie registrieren die Gemeinsamkeiten und die Unterschiede.

Das Gespräch in einer Patchwork-Familie; der Philosophie-Unterricht in der Schule steht zur Debatte. »Freud ist doch ein alter Hut«, meint der Stiefsohn. Er referiert die Auffassung seines Lehrers, welche, das wissen alle am Tisch, der abwesende Elternteil teilt. Der Stiefvater, der anderer Meinung ist, fühlt sich angegriffen. Was macht er? Er keilt los: »Das ist doch der letzte Stuss! Das hast du doch von deinem Vater! Der Pauker ist doch unwichtig!«

Der Stiefvater hat überzogen. Er antwortet nicht auf der Ebene, auf welcher sein Stiefsohn ihn ansprach – auf der Ebene des Unterrichts. Er schiebt buchstäblich den Lehrer zur Seite, um den Vater zu treffen. Er macht den Vater schlecht und, gibt sich eine gute Zensur und bringt seinen Stiefsohn, der seinen Vater nicht heruntergeputzt sehen möchte, gegen sich auf. Wie hätte der Stiefelternteil seine Auffassung aussprechen können? Er hätte sagen können: »Das würde ich nicht sagen. Ich habe von Freud profitiert. Außerdem war Freud immer umstritten.« So wäre der Stiefvater auf der Ebene der angebotenen Interaktion geblieben und hätte mit dem abwesenden Elternteil nicht konkurriert.

Die Schwierigkeit ist, den eigenen Impuls zur Rivalität zu kontrollieren oder das Angebot zur Rivalität nicht wie einen Fehdehandschuh aufzunehmen. »Tangentiales Sprechen« ist zu empfehlen: [24] Der Diskussionspunkt wird angetippt – und nicht auf die Lanze der Konkurrenz gespießt. Persönliches Sprechen ist zu empfehlen: »Oh, das würde ich nicht sagen. Ich bin anderer Auffassung.« *Anderer* Meinung. Mehr nicht. Den Fehdehandschuh liegenlassen. Gut überlegen (so gut es geht, wenn es schnell gehen muss), ob das, was man zu sagen beabsichtigt, die Konkurrenz wieder einläutet wie die Fanfaren die Ritter-Turniere in den Hollywood-Streifen der 50er Jahre, oder nicht. Wenn nicht, dann kann man viel von dem, was die eigenen Überzeugungen sind, sagen.

Über den abwesenden Elternteil sollte man (möglichst) nichts sagen. Denn was immer man sagt, droht, in den Beziehungskontext der Konkurrenz zu geraten. Das kann der Stiefelternteil dem leiblichen Elternteil überlassen. Dessen Aufgabe ist es, die Geschichte und die Gründe der Trennung zu erläutern. Wie gut der leibliche Elternteil diese Aufgabe löst, entscheidet auch, wie gut die Patchwork-Familie funktioniert.

Die wichtigste Regel für den Stiefelternteil: Keinen Konkurrenzkampf anzetteln oder aufnehmen. Er ist nicht der Ritter, der die Dame seines Herzens befreien muss, oder die Fee, die ihren Prinzen zu erlösen sich anstrengt. Sie oder er ist bereits getrennt. Es ist ihre oder seine Aufgabe, die Trennung in der Beziehungswirklichkeit der Patchwork-Familie zu etablieren.

»Du hast mir gar nichts zu sagen!«

Der Satz *Du hast mir gar nichts zu sagen!*, ist der Sprengsatz, welcher das familiäre Gefüge erschüttert. Vom Stiefkind ausgesprochen, ist er an den Stiefelternteil gerichtet: die Aufkündigung der Beziehung zu ihm. *Mit dir will ich nichts mehr zu tun haben!* Im Affekt, wenn er aus einem buchstäblich herausbricht, sagt man schon einmal die Wahrheit – und bereut es wenig später. Denn neben der einen ausgesprochenen Wahrheit bestehen andere unausgesprochene Wahrheiten. So ist der Satz *Du hast mir gar nichts zu sagen!*, zwar eindeutig formuliert, aber möglicherweise mehrdeutig gemeint. Gehen wir seine möglichen (verleugneten) Bedeutungen durch. Der Satz transportiert:

1. den Versuch einer Kränkung. Das Kind spuckt seinem Stiefelternteil seine Abneigung vor die Füße und gibt ihm zu verstehen: *Ich kann dich nicht ausstehen!*

2. den Versuch einer Trennung. Kind und Stiefelternteil sind miteinander im Konflikt. Möglicherweise hat der Stiefelternteil sich zu sehr als Elternteil seinem Stiefkind genähert. Es macht sich auf harsche Weise Luft und bedeutet dem Stiefelternteil eine Grenzverletzung: *Kümmere dich um deine Angelegenheiten. Komm' mir nicht zu nah!*

3. den Aufschrei einer Verzweiflung. Das Kind ist mit seiner Lebenslage nicht einverstanden und schreit seine Not heraus: *Ich halte es hier nicht aus!*
4. den Schmerz über die Auflösung der Familie. Das Kind verkraftet die Trennung seiner Eltern nicht und attackiert den Stiefelternteil mit seiner Enttäuschung und Rage: *Ich vermisse Vater (oder Mutter). Du kannst ihn (oder sie) nicht ersetzen!*
5. den Vorwurf an den leiblichen Elternteil, welchen das Kind gegen den Stiefelternteil wendet – der Vorwurf lautet: *Wieso hast du ihn (oder sie) gewählt?*
6. die Abwehr einer Zuneigung. Das Kind wehrt sich, aus Gründen der Loyalität, gegen die Sympathie für den Stiefelternteil, den es in seiner Not angeht: *Mit dir will ich nichts zu tun haben!*

Was macht der Stiefelternteil mit dem Satz *Du hast mir nichts zu sagen!*?

Er oder sie nimmt ihn hin. Wenn er oder sie kann (und nicht zu sehr getroffen ist), versucht er oder sie, ihn zu entschärfen: »Oh, ich sehe das anders. Vielleicht hast du recht. Ich denke darüber nach.« Der Stiefelternteil nimmt die Aufkündigung der Beziehung nicht wörtlich; er oder sie hält vielmehr an der Beziehung fest und setzt sie fort.

Es liegt so nahe, diesen Satz mit einem Gegen-Vorwurf zu parieren. Ebenso liegt es nahe, ihn als Aufforderung zum Machtkampf misszuverstehen und ihn symmetrisch[25], Gleiches wird mit Gleichem vergolten, zurückzuzahlen. Ein Machtkampf wäre die Folge, an dessen Ende die ausweglose Alternative stünde, welche dem leiblichen Elternteil zur Parteinahme präsentiert wird: *Entweder dein Kind oder ich. Entweder dein Partner (deine Partnerin) oder ich.* Nein, der Stiefelternteil wird den Satz mit dem leiblichen Elternteil besprechen und verstehen – als ein typisches Alarmzeichen für eine Patchwork-Familie, die um ihre elterliche Balance ringt. Das Paar hat seinen Platz noch nicht gefunden und sich noch nicht hinsichtlich seiner Aufgaben und Funktionen abgestimmt. Es hat sich weder als Liebespaar noch als Elternpaar etabliert.

Du hast mir nichts zu sagen!, ist die unausgesprochene Aufforderung an die Eltern des Patchwork-Gefüges, eine Orientierung zu geben und für Klarheit zu sorgen. Das Paar wird dieses Bedürfnis in einem geeigneten Rahmen mit seinen Kindern und Stiefkindern besprechen. Dabei gibt es folgende Möglichkeiten:

1. Der leibliche Elternteil hat seine Zuneigung zum Stiefelternteil nicht ausreichend erläutert. Er wird seinen Kindern sagen: »Ich liebe euren Stiefvater (oder eure Stiefmutter), und ich erwarte euren Respekt. Ihr müsst ihn nicht lieben – aber fair behandeln.«

2. Der leibliche Elternteil hat dem Stiefelternteil (noch) keinen ausreichenden Platz im familiären Gefüge der Aufgaben und Funktionen eingeräumt. Er könnte erläutern: »Wir leben hier unter einem Dach. Das Wort eures Stiefvaters (oder eurer Stiefmutter) gilt soviel wie mein Wort.«

3. Das Elternpaar der Patchwork-Familie greift den Vorwurf einer schmerzlichen familiären Umwelt auf und erklärt: »Es ist nicht einfach, hier zusammenzuleben. Wir bemühen uns darum, dass es uns hier gut geht. Das Gleiche erwarten wir von euch auch.«

4. Der leibliche Elternteil bespricht mit seinen Kindern, in Anwesenheit des Stiefelternteils, den Schmerz der Trennung und erläutert seine Gründe für die Trennung: »Eure geschiedenen Eltern haben sich nicht mehr verstanden. Wir waren nur noch unglücklich miteinander.«

5. Der leibliche Elternteil erläutert, in Anwesenheit des Stiefelternteils, seine Wahl des neuen Partners (der neuen Partnerin): »Er (oder sie) ist anders, und ich bin glücklich mit ihm (oder mit ihr).«

6. Der Stiefelternteil lässt sich nicht vergraulen, sondern hält an der Beziehung zu seinem Stiefkind fest: »Komm, so schlimm kann es nicht sein. Wenn ich von dir zuviel verlangt habe, können wir darüber sprechen und aushandeln, was du möchtest und was ich möchte.«

»Können wir in der Patchwork-Familie eigene Wege gehen?«

Eine Patchwork-Familie muss viele verschiedene Beziehungskontexte integrieren (s. S. 122–124). Der Stiefelternteil und dessen Kinder haben ihre eigenen, den anderen Mitgliedern fremden Kontakte zu ihren Angehörigen, Freundinnen und Freunden, Bekannten, Verwandten, Kolleginnen und Kollegen. Ebenso haben der leibliche Elternteil und dessen Kinder ein eigenes Beziehungsnetz. Leiblicher und Stiefelternteil müssen auch allein, auf getrennten Wegen, ihre Beziehungen pflegen können. Sie sollten sich ihre eigenen Räume zubilligen – mit der Absicht, niemanden auszuschließen. Patchwork-Familien brauchen für ihre Beziehungsgestaltung viel Platz – und viel Zeit, um die vielen Beziehungskontexte sich gegenseitig bekannt zu machen und um sie zu verknüpfen.

»Ich kann deine Kinder nicht ausstehen«

Irgendwann kommt in einer Patchwork-Familie der Ausbruch des Stiefelternteils: »Ich kann deine Kinder nicht ausstehen. Ich halte es nicht aus. Sie sind mir völlig fremd. Ich langweile mich schrecklich. Ich kann mit denen nichts anfangen.« Der leibliche Elternteil ist entsetzt, gekränkt, voller Schuldgefühle und wütend. »Und was soll *ich* machen?«, lautet die sprachlose Antwort. »Es sind doch meine Kinder!« Gemeinsame Ratlosigkeit und Hilflosigkeit. Es ist zum Heulen. Der Stiefelternteil versteht sich nicht: Er hat sich doch so bemüht. Er wollte seiner Frau (oder sie wollte ihrem Mann) diesen Gefallen tun. Es gelingt nicht. Es gibt eine innere Sperre. Lebertran schmeckt nun einmal nach Lebertran. Was können wir dem Stiefelternteil raten?

Was nicht geht, geht nicht. Zuneigung und Sympathie lassen sich nicht erzwingen. Das Problem ist: Der Stiefelternteil fühlt sich im Recht – und er hat ein schlechtes Gewissen. Er kann die Belege vorlegen, wie er von seinen Stiefkindern verletzt wurde; er hat sie penibel registriert. Er kann die vielen Gründe für seinen Beziehungsrückzug und seine Enttäuschung aufzählen. Er schämt sich für seine Abneigung – er traut sich nicht, es auszusprechen: für seinen Hass. Er schämt sich für diesen scheußlichen Affekt, der ihm keine Ruhe lässt. Machen wir einen Umweg.

Ende der 40er Jahre veröffentlichte Donald Winnicott einen Aufsatz, der ein Tabu thematisierte: »Hass in der Gegenübertragung«.[26] Er hatte die Reaktion von Psychotherapeuten (vor allem seine eigene), die ihre Patienten verabscheuen, beschrieben. Sich seine Abneigung einzugestehen, ist beschämend – der Hass passt nicht zu dem eigenen idealisierten Selbstbild. Winnicott half, den Hass als eine natürliche Reaktion zu akzeptieren, zu verstehen und mit ihm umzugehen. Er gab zwei Regeln. Erstens: dem Hass nicht nachgeben – eine Kränkung nicht zurückkränken –, sondern ihn aushalten. Zweitens: den Hass auswerten – herausfinden, worauf er sich bezieht.

Die Patchwork-Familie ist keine psychotherapeutische Praxis und der Stiefelternteil kein Psychotherapeut. Wenn er sich so bemüht, seine Stiefkinder zu mögen, kann er vielleicht auch seinen Impuls kontrollieren, sich für eine Kränkung zu revanchieren. Doch was macht der Stiefelternteil mit diesem Impuls? Er muss ihn irgendwo aussprechen – mit jemandem besprechen. Wenn er ihn für sich behält, wird er krank. Die Depression, sagte Winnicott, ist das Problem des unterdrückten, unausgesprochenen Hasses. Wenn er ihn mit seiner Frau (oder sie ihn mit ihrem Mann) besprechen könnte, hätte er (oder sie) halb gewonnen. Seine Abneigung hätte einen *Raum* in der Beziehung des Patchwork-Paars; das Gespräch würde die Beziehung stärken – und nicht schwächen, wie der Stiefelternteil befürchtet.[27]

Wie kann der Stiefelternteil seinen rachsüchtigen Impuls besprechen, ohne dass der leibliche Elternteil ihn fürchten muss? Der Stiefelternteil könnte sagen: »Manchmal bin ich so wütend, da könnte ich deine Kinder rausschmeißen. Ich wäre dir dankbar, wenn ich mit dir darüber sprechen könnte; das würde mir sehr helfen und mich entlasten. Ich verspreche dir, dass ich mich fair zu ihnen verhalte. Du musst auch kein schlechtes Gewissen meinetwegen haben. Ich bin es, der so wütet; du bist dafür nicht verantwortlich. Ich will sehen, was mit mir los ist. Ich verstehe nicht, warum ich so heftig reagiere.« Die anderen Möglichkeiten der Aussprache sind Freunde, Selbsthilfegruppen,[28] die psychotherapeutische Praxis.

Was sollte der Stiefelternteil tun, solange er sich nicht verstanden hat? Er kann sich an dem guten Prinzip der *Fairness* orientieren[29] – es ist nicht fair, Kinder oder Jugendliche zu beschämen und zu kränken und in komplizierte Lagen zu bringen. Aber es ist nur fair, sie anständig zu behandeln und sie nicht verantwortlich zu machen für die Konstellation einer Patchwork-Familie. Und wenn der Stiefelternteil einmal doch seinem heftigen Impuls nachgegeben hat? Dann muss er sich entschuldigen und darauf vertrauen, dass seine

Stiefkinder ihn verstehen, weil sie ähnliche Impulse spüren und ahnen, dass sie es ihrem Stiefvater oder ihrer Stiefmutter nicht immer einfach machen.

Wie kann der Stiefelternteil seine mächtigen affektiven Impulse verstehen lernen? Er kann in zwei Richtungen überlegen: Einmal, dass seine Stiefkinder ihn auszuschließen und zu kränken versuchen, weil sie in ihrem Schmerz über den Verlust an der alten Familienkonstellation festzuhalten wünschen. Das müsste er doch verstehen können (auch wenn es ihn manchmal sehr schmerzt). Zum anderen kann er sich fragen, ob seine Antipathien Ausdruck seiner ständigen Rivalität mit dem abwesenden Elternteil sind, mit dem er nicht direkt konkurrieren kann, sondern nur über dessen Kinder, die seine Stiefkinder sind. Er kann sich auch fragen, ob sein Wunsch, ein geliebter Elternteil zu sein, Ausdruck seiner Bedürftigkeit und seiner Sehnsucht ist, welche seine Stiefkinder ihm nicht erfüllen können – er (oder sie) ist nicht der leibliche Elternteil, und mit dieser Tatsache des ausgeschlossenen Dritten muss er leben.

»Meine, deine, unsere Kinder. Darf ich Unterschiede machen?«

»Peter ist mein bester Freund, du aber nicht!«, sagt der 8-Jährige seinem Klassenkameraden. Kinder machen Unterschiede – laut und deutlich. Erwachsene machen Unterschiede – still und undeutlich. Das ist auch gut so. Ehrlich sind die Taktlosen, lautet ein deutsches Klischee, welches Höflichkeit mit Kriecherei verwechselt. Manchen Menschen gilt Taktlosigkeit auch als Ideal der Authentizität. Sag, was du fühlst. *Lass es raus!*

Nein. Lassen Sie es drin. Eine Gruppe Freunde kommt zusammen; sie kennen sich schon lange: Dietrich, Thomas, Georg und Ralf. Dietrich dankt Georg für die Postkarte mit den Urlaubsgrüßen. Dietrich war der einzige Freund, dem Georg geschrieben hatte. Georg ist der Dank seines Freundes vor den beiden anderen Freunden gar nicht recht. Jetzt muss er seine Verlegenheit aushalten, dass er einen Unterschied gemacht – den einen Freund bevorzugt – hat. »Oh«, rechtfertigt er sich lahm, »eure Postleitzahlen hatte ich nicht parat.«

Normalerweise haben wir ein gutes Gespür für Kränkungen; wir können uns vorstellen, was andere verletzt, und registrieren, was andere verletzt hat. Wir wissen auch, was Takt ist: eine Umgangsform, welche weder beschämt noch kränkt. Wir wissen auch, obgleich es ein Fremdwort ist, was Fairness bedeutet: das Gespür für den gerechten Ausgleich.

Darf man Unterschiede zwischen seinen Stiefkindern und den eigenen Kindern machen? Warum nicht? Aber keine deutlichen Unterschiede, die kränken, beschämen und das Gefühl für Fairness verletzen. Wenn der Stiefvater seinem Stiefsohn sagt: »Ich habe dich genauso lieb«, ahnt der Stiefsohn, dass der Satz nicht stimmt; denn er erlebt einen Unterschied zwischen seinem Vater und seinem Stiefvater. Das Adverb *genauso* deutet eine Anstrengung an: Der Stiefvater, hört sein Stiefsohn vielleicht heraus, gibt sich Mühe. Und indem er betont, keinen Unterschied zu machen, gibt der Stiefvater zu verstehen, dass er einen Unterschied macht und sagt – in Klartext übersetzt: Ich mag dich nicht so wie meine Tochter oder meinen Sohn, aber ich möchte dich so mögen.

Wir machen ständig Unterschiede. Wir sprechen sie normalerweise nicht aus. Wir machen in unserer Beziehungsgestaltung Unterschiede: mit den verschiedenen Frequenzen unseres Kontakts, wie oft wir uns sehen, schreiben oder telefonieren; mit dem Grad des persönlichen Austauschs; mit dem Ausmaß an Herzlichkeit. Wir dosieren die Unterschiede sorgfältig; darüber tauschen wir uns nicht ausführlich aus. Sind Freundinnen und Freunde, Bekannte, Kolleginnen und Kollegen eingeladen, machen wir keine deutlichen Unterschiede; dann dosieren wir unsere Beziehungsgestaltung eher gleichmäßig. Und in der Patchwork-Familie?

Eine Stiefmutter oder ein Stiefvater fühlt sich häufig schuldig, wenn sie oder er Unterschiede zwischen den leiblichen und den Stiefkindern entdeckt. Es gibt die Idee, man dürfe keine Unterschiede machen und müsse seine Zuneigung gleichmäßig verteilen. *Alle Menschen sind vor dem Gesetz gleich*, sagt unser Grundgesetz (Artikel 3). Der Grundsatz gilt nur, weil Menschen ungleich sind; deshalb müssen ihnen gleiche Chancen eingeräumt werden. Höflichkeit ist eine demokratische Haltung, die keine Unterschiede zu machen sucht, weil es Unterschiede gibt. Die Frage ist, wie man die Unterschiede kommuniziert.

Eine Stiefmutter und ein Stiefvater sollten sich und ihr Stiefkind nicht mit einem Satz zu beschwichtigen versuchen, in dem das Adverb *genauso* (oder ein ähnliches) vorkommt. Es klingt unecht, aufgesetzt, wie man sagt, und dient der Abwehr der Schuldgefühle. Die Stiefmutter oder der Stiefvater werden nur das aussprechen, was sie wirklich an ihrem Stiefkind mögen – diese oder jene Eigenschaft, diese oder jene Kompetenz. Was er oder sie nicht mag, behält der Stiefelternteil für sich und überlegt gut, mit dem Partner oder Partnerin, was und wann er davon mitteilt.

Der Stiefelternteil wird im Alltag *keine Unterschiede* machen – bei seinen immateriellen und materiellen Zuwendungen (auch wenn er oder sie es manchmal ungerecht findet angesichts von Auseinandersetzungen um den Unterhalt der Kinder), bei Reisen und Geschenken. Er wird auch keine Unterschiede im Beziehungsgefüge des Patchwork-Systems machen. Er wird sich zu den leiblichen und den Stiefkindern fair verhalten: er wird den eigenen Kindern keine dominante Position gestatten; er wird seine Stiefkinder dort unterstützen, wo seine leiblichen Kinder übergriffig sind; er wird seine leiblichen Kinder nicht gewähren lassen oder sie delegieren, die eigene Ambivalenz den Stiefkindern gegenüber auszutragen – indem die leiblichen Kinder die Stiefkinder schlecht behandeln.

Bemüht der Stiefelternteil sich um Fairness, werden dessen Stiefkinder es honorieren. Ivan Boszormenyi-Nagy hat eindrucksvoll beschrieben, wie Kinder dadurch geschädigt werden, dass ihr Gefühl für Fairness verletzt wird.[30] Fairness ist ein gutes Prinzip. Es lässt Unterschiede zu – aber keine, die traumatisieren – und erfordert den gerechten Ausgleich. Das Gefühl für Gerechtigkeit, so Ivan Boszormenyi-Nagy, gehört zu unserer psychischen Struktur und ist ein humanes Versprechen, von dessen Realisierung demokratisch verfasste Gesellschaften leben und nach dessen Realisierung nicht demokratisch verfasste Gesellschaften sich oft sehnen.

»How long is this going on?«

Wenn beim Fußballspiel die eigene Mannschaft knapp führt und der Vorsprung bedroht ist, die Spannung unerträglich steigt, schaut man ständig auf die Uhr: Wie lange noch? Wenn beim Langstreckenlauf die Luft knapp wird, die Kräfte schwinden, fängt man zu rechen an: Wie lange noch? Wenn im Patchwork-System die Konflikte wieder zunehmen, die Atmosphäre zum Schneiden und die Spannungen greifbar sind, zieht man sich in seinen inneren Dialog zurück und fragt und rechnet: Wie lange noch?

Die Frage ist verständlich, zeugt aber von Unklugheit. Beim Zuschauen eines Fußballspiels ist man ohnmächtig; man kann nur abwarten und sich aushalten. Beim Langstreckenlauf kann man immerhin ein paar Schritte gehen, um sich zu erholen. In der Patchwork-Familie kann man auch etwas tun; nur ist es schwierig. Wann kehrt in der Patchwork-Familie endlich Ruhe ein?

Wenn sich die Mitglieder dieses Systems einigermaßen wohl fühlen. Wenn der Umgang nicht mehr so befangen, schwierig und gereizt ist. Wenn der Stiefelternteil nicht mehr so auf dem Sprung steht, zu rivalisieren und sich zu revanchieren. Wenn er nicht mehr so sehr mit Rache-Fantasien beschäftigt ist – und das Magenkneifen auf dem Nachhauseweg nachlässt. Wenn das Gefühl der lauernden Konkurrenz, welches so schnell auf hohe Drehzahlen zu beschleunigen ist, nachlässt. Man kann auch sagen: wenn das Klima sich entspannt und sich eine andere Großwetterlage durchsetzt.

Wie lange dauert dieser Prozess? Unmöglich, es definitiv zu sagen. Das amerikanische Autoren- und Patchwork-Elternpaar Emily und John Visher erwarten nach knapp 20 Monaten eine erste Konsolidierung.[31] Patricia Papernows Erfahrungen schwanken zwischen 4 und 12 Jahren.[32] Der Weltrekord über 5000m Laufen liegt bei 12 Minuten und 40 Sekunden. Der Autor bringt die Strecke in 40 Minuten hinter sich. Hilft der Vergleich? Nein. Jeder muss sein eigenes Tempo finden. Die Patchwork-Familie auch. Es hilft auch nicht, auf den Kalender zu starren, die Monate zu zählen und die Jahreszeiten abzuwarten. Hat man eine starke fiebrige Erkältung, weiß man: In 14 Tagen bist du wieder auf den Beinen. Diese Zeit muss man sich einräumen, damit die Abwehrkräfte den Erreger ausreichend bekämpfen können. Aber in Beziehungen auszuharren, zu warten, ist kein kluges Lebensprinzip.

Die Konflikte und die Spannungen müssen (möglichst) schnell besprochen und (fürs erste) ausgeräumt werden. Eine Patchwork-Familie braucht ihren Raum zur Aussprache. Der Raum sollte genutzt werden – so wie eine Konferenz hindurch nicht geschwiegen werden sollte, bis für einen die Zeit »reif« ist. Wer wartet, findet schwerlich den richtigen Zeitpunkt. Den richtigen Zeitpunkt gibt es nicht – man muss sich ihn erobern. Wer zu lange wartet, verliert den Kontakt – zu sich selbst, weil man zu vergessen droht, was einen belastete, und zu den anderen, mit denen man in Beziehung steht, weil das Unausgesprochene umso schwieriger auszusprechen ist, je länger es zurückgehalten wird.

»Warum habe ich ja gesagt?«

> »What do you get when you fall in love?
> A pin to burst your bubble
> That's what you get for all your trouble
> I never fall in love again«
> Burt F. Bacharach, 1968

Burt Bacharach hatte wahrscheinlich nicht an die Patchwork-Familie gedacht, als er dieses Lied schrieb. Aber es beschreibt den Aufruhr, den man in diesem Familiensystem erlebt: die Enttäuschung über zerschlagene Erwartungen, wenn das Zusammenleben sich als enorm schwierig erweist; das Hadern mit der eigenen Lebenslage, die so kompliziert ist; der Schmerz; die Ernüchterung über die eigene Unzulänglichkeit, wenn einem die eigenen Grenzen bewusst werden; die Sehnsucht nach einem konfliktlosen, unbefangenen Umgang; der Trotz, nicht aufzugeben, sondern festzuhalten an der schwierigen Lebensform. *Warum habe ich ja gesagt?*, ist das Kopfschütteln im inneren Dialog des Stiefelternteils, der die Partnerin oder den Partner nicht zu fragen wagt: Wieso hast *du* mir das eingebrockt? Was habe *ich* davon?

Den Partner oder die Partnerin, die der Stiefelternteil begehrt.

Als Liebespaar haben sie sich gebunden. In der Patchwork-Familie entdecken sie, wie schwer es ist, ein Eltern*paar* zu sein. »Trotz der Aufregungen und Turbulenzen in den Interaktionen der Stieffamilie«, behaupten Emily und John Visher stoisch, »sprechen viele Erwachsene von diesen Jahren als den glücklichsten ihres Lebens«.[33]

Offenbar ist das Glück langer, harter Arbeitstage gemeint, an deren Ende etwas erreicht wurde. Normalerweise wird ein Haus bezogen, wenn es bewohnbar ist. Die Patchwork-Familie muss sich ihr Haus, während sie ihr Zusammenleben organisiert, ihrem Alltag mit den beruflichen Verpflichtungen nachgeht, erst noch bauen. Das ist ein strapaziöses Unterfangen.

So ungewöhnlich ist das wiederum nicht. In der Bundesrepublik entstehen viele Häuser in der freien Zeit ihrer Besitzerinnen und Besitzer, in *Eigenleistung*, wie der arbeitspolitische Euphemismus heißt. Man lernt eine Menge. Wie ein Liebespaar während des Hausbaues zu einem Elternpaar wird, das sich anstrengt, ein Liebespaar zu bleiben. Wie man mit Fremdheit lebt und Anderssein erträgt. Wie man sich aushält, wenn man sich manchmal gar nicht aushalten möchte. Wie die Qualität von Beziehungen errungen und erstritten wird. Was *Fairness* ist. Wie eigene Empfindlichkeiten und Vorurteilsbereitschaften aussehen. Wie die eigene Selbstgerechtigkeit sich vor Empörung aufrichten kann. Wie wenig man erwachsen ist, wenn man sich für erwachsen hält. Was Aggressivität ist. Was Konkurrenz und Eifersucht sind. Was die eigenen Eltern mitgaben. Und wie man Kind geblieben ist. Kurz: das Leben in einer Patchwork-Familie ist der todernste Prozess einer unsystematischen Selbsterfahrung; die Mitglieder sind tief verwickelt, die Sitzungen dauern und dauern; es gibt keinen Leiter oder keine Leiterin; und die Regeln sind anfangs auch unklar.

Die Patchwork-Familie hat zwei Grundprobleme. Erstens: Ihre Mitglieder begegnen sich mit der Hypothek einer Verlusterfahrung. Der Tod oder die Trennung war der Grund für die Auflösung der alten Familie. Diese Erfahrung zu verkraften, ist eine schwierige Lebensaufgabe. Wir sind im Allgemeinen nicht lieblos. Schon die Alltagsweisheit von den *alten Lieben, die nicht rosten,* belegt, wie wir an unseren alten Beziehungskontexten festhalten und wie wir sie ungern aufgeben. Sigmund Freud bemerkte einmal, dass wir nicht zu verzichten, wohl zu verschieben gut imstande seien.[34] Wahrscheinlich sind wir auch keine Heroen der Veränderung. Die Patchwork-Familie verlangt erhebliche Veränderungsbereitschaft: Die Beziehungskontexte der alten Familie müssen modifiziert werden, damit das neue Familiensystem leben kann.

Zweitens: Der Stiefelternteil tritt in das System der Patchwork-Familie mit einer ödipalen Hypothek: Es gibt den abwesenden Elternteil, der der Vater oder die Mutter seiner Stiefkinder ist. Der Stiefelternteil ist der ausgeschlossene Dritte aus einer vergangenen Lebenswirklichkeit, die sehr gegenwärtig ist. Der leibliche Vater oder die leibliche Mutter bestimmt und beeinflusst die Wirklichkeit des Stiefelternteils. Das rührt, psychoanalytisch verstanden, an die alten *ähnlichen* Erfahrungen, als der Stiefelternteil als kleines Kind die Ordnung *seiner* Eltern vorfand, sie zu respektieren und die Realität der Eltern hinzunehmen hatte. Wie der Stiefelternteil von dem Problem seiner eigenen ödipalen Entwicklung – inwieweit er oder sie an die Auseinandersetzung mit den Eltern um die eigene Autonomie gebunden geblieben ist – absorbiert wird, bestimmt das Ausmaß der Konflikthaftigkeit des Patchwork-Gefüges mit.

Warum habe ich ja gesagt?

Weil die Patchwork-Familie, wenn das Zusammenleben gelingt, die Autonomie ihrer Mitglieder stärkt und den Mut zum Anderssein. Bangemachen gilt nicht. Streiten hilft, und Konflikte auszutragen, kräftigt die seelischen Muskeln. Von Donald Winnicott stammt der Satz, dass wir diejenigen lieben, die unsere Aggressivität ertragen. Die Patchwork-Familie hinterlässt nach all diesen Konflikten, Spannungen und Auseinandersetzungen gründlich geknetete Liebesbeziehungen.

14. Epilog I: Ein Winterabend der Verständigung

Drei Jahre später. Unsere Patchwork-Familie sitzt im Wohnzimmer mit einer anderen Patchwork-Familie am großen Esstisch zusammen. Das Abendessen ist beendet, der Espresso wartet. Die Teller, Flaschen und Gläser stehen herum. Es war ein langer anregender Abend. Es ist fast Mitternacht. Wie so oft, wenn es spät ist und der Tag zu Ende geht, werden die wichtigen Fragen erörtert. »Was war für euch das Schwierigste hier?«, fragt Georg seine Stiefsöhne Jochen und Matthias und indirekt dessen Freundin, die ebenfalls in einem Patchwork-System lebt. Matthias: »Am schlimmsten war das Hin und Her. Dieses Sich-Umstellen. Dieses Gezerre. Jetzt ist es gut.« Seine Freundin, die ähnliche Erfahrungen gemacht hat, stimmt ihm zu. Beide sind ganz zufrieden mit ihren Patchwork-Familien; das komplizierte Leben ist nicht mehr so kompliziert. Plötzlich kommen sie auf Georgs Buchprojekt zu sprechen. »Wie weit bist du?« »Oh, Gott«, stöhnt Georg auf, »mitten drin. Im Augenblick suche ich einen Titel.«

Es ist früh morgens. *Brainstorming* unter schwierigen Bedingungen. Verschiedene Titel werden gefunden, geprüft verworfen. An einem bleiben sie hängen. Es ist der Vorschlag von Matthias: »Mutti, heute Abend sind wir bei Papa.« Georg ist gerührt, Petra ist zufrieden: Gar nicht so schlecht hier.

15. Epilog II: Sieben Jahre später

Unsere Patchwork-Familie hat die formativen Prozesse überlebt. Matthias ist ausgezogen. Er ist inzwischen mit seiner früheren Freundin verheiratet; sie leben in der rheinischen Großstadt, die Georgs Heimat war. Matthias ist seinen Eltern gefolgt und studiert wie sie dasselbe Fach. Jochen ist ausgezogen und studiert in einer westfälischen Großstadt das, was seine Großeltern mütterlicherseits auch studierten. Julia macht auf dem Gymnasium eine gute Figur; zu ihren Halbbrüdern hat sie ein herzliches Verhältnis, sie telefoniert regelmäßig mit ihnen und besucht sie, so oft sie kann. Petra ist glücklich über die ausgestandenen Turbulenzen und zufrieden mit ihrem Beruf. Georg ist erleichtert. Zu seinen Stiefsöhnen hat er ein herzliches bis vorsichtig-herzliches Verhältnis. Sie kommen regelmäßig und sie besuchen ihn gern. Wie er sie auch hier und da besucht. Es war schwierig, und jetzt ist es vergleichsweise einfach. Was man heute sagen kann: Am Ende des formativen Prozesses lebt man in tüchtig gekneteten, nicht selbstverständlich guten Familienbeziehungen. Das ist nicht schlecht.

Danksagung

Ein Buch schreibt man nicht allein. Man erfährt eine vielfältige Unterstützung – von den Autoren, deren Arbeiten das Terrain, auf dem sich dieser Text bewegt, gestalteten und von den Freundinnen und Freunden, Kolleginnen und Kollegen, die anregten, bestätigten, unterstützten oder korrigierten. Ihnen allen möchte ich danken.

Danken möchte ich vor allem Nancy Lyon-Amendt und Gerhard Amendt, die zu diesem Buch anregten. Mit Gerhard Amendt sprach ich viele Stunden über die Not der Stiefväter; seine Ideen sind hier eingegangen.

Danken möchte ich Hans-Jürgen Wirth und Katrin Frank vom Psychosozial-Verlag.

Danken möchte ich Heiko Ernst – Freund und Mentor.

Danken möchte ich Ed Abbott, Inge Adelmann-Frings, Georg Ammon, Leslie und Mabel Armitage, Peter Balmer, Clare Bacha, Bettina Blisniewski-Leinders, Christoph Boettcher, Helmut und Hannelore Bröhl, Sebastian Buggert, Angelika Busch, Lloyd DeMause, Christine Detig-Kohler, Paul Douvos, Ulrike Dudziak, Christiane Dülffer, Jochen und Maren Faber, Adelheid Firmenich, Anton Frings, Achim Goerke, Gabriele Grotenrath, Jürgen Hauer, Thomas Hax, Mitra Hegenberg, Gabriele Heys, Willi Hobeck, Heinz Kaufmann, Silke Kasten-Langhorst, Alfred Klösgen, Erhard Knauer, Christa Kreisl, Franziska Langer, Barbara Leipholz-Schumacher, Dietrich Ley, Jost Matar, Margret Mertens, Claudia Neuhann-Warter, Florian Neuhann, Jan Neumann, Tess und Keith Noble, Ursula Nuber, Helga und Manfred Peters, Gert Raeithel, Georg Rasch, Manfred G. Schmidt, Friedhelm Schmidt-Quernheim, Birgit Schürgers, Rainald Schuldes, Walter Schumacher, Uwe Seeger, Karl-Heinz Sehring, Anne Sevenich, Ursula Sevenich-Matar, Dieter Sikora, Ellen Tekolf, Ferdinand von Boxberg, Erich von Bukowski, Vera Walther-Moog, Gerd Weskamp und Heinz Zohren.

Anmerkungen

Vorwort

1. Salman Rushdie: Crash. Was the fatal accident a cocktail of death and desire? *The New Yorker* vom 15.09.1997, S. 68–69.
2. Gerhard Bliersbach (1999): Schwierige Verhältnisse. Über das Innenleben von Stieffamilien. *Psychologie Heute*, Januar-Heft, 36–42.
3. Max Frisch (1964): Mein Name sei Gantenbein. Suhrkamp: Frankfurt am Main, S. 74.

Vorwort zur Neuausgabe (2007)

1. Statistisches Bundesamt Wiesbaden
2. Judith Wallerstein, Julia Lewis und Sandra Blakeslee (2002): The Unexpected Legacy of Divorce. A 25 Year Landmark Study. Fusion Press: London. Siehe auch: Judith Wallerstein und Deborah Resnikoff (1997): Parental Divorce and Developmental Progression: An Inquiry into their Relationship. *Int. J. Psycho-Anal.* 78 , 135–154.
3. Gerhard Amendt: Scheidungsväter (2004). Institut für Geschlechter- und Generationenforschung: Universität Bremen.

Einleitung

1. Sigmund Freud (1968): Das Unbehagen in der Kultur. Gesammelte Werke Bd. XIV. S. Fischer: Frankfurt am Main, S. 434.
2. Ulrich Beck (1997): Eigenes Leben. Ausflüge in die unbekannte Gesellschaft, in der wir leben. C.H. Beck: München, S. 9.
3. Peter von Matt (1999): Die Liebe in der Literatur. *Familiendynamik*, Heft 4, 369–381.
4. Carolita Johnson. *The New Yorker* vom 20.10.2003, S. 118.
5. Hans Magnus Enzensberger (2006): Schreckensmänner. Versuch über den radikalen Verlierer. Suhrkamp: Frankfurt am Main.
6. Elisabeth Beck-Gernsheim und Ulrich Beck (1990): Das ganz normale Chaos der Liebe. Suhrkamp: Frankfurt am Main.
7. Ebd., S. 13–14.

8. Colette Chiland (1982): A new look at fathers. *Psychoanalytic Study of the Child* 37, 367–379, zit. in: Mary Target und Peter Fonagy (2002): Fathers in modern psychoanalysis and in society: the role of the father and child development. Aus: J. Trowell und A. Etchegoyen (Hrsg.) (2002): Importance of Fathers. A Psychoanalytic Re-evaluation. Brunner-Routledge: Hove, East Sussex.

9. Sigmund Freud (1968): Totem und Tabu. GW Bd. IX. S. Fischer: Frankfurt am Main.

10. Hartmut Radebold (2001): Abwesende Väter. Folgen der Kriegskindheit in Psychoanalysen. Vandenhoeck & Ruprecht: Göttingen.

11. Mary Target und Peter Fonagy (2002): Fathers in modern psychoanalysis and in society: the role of the father and child development. In: J. Trowell und A. Etchegoyen (Hrsg.) (2002): Importance of Fathers. A Psychoanalytic Re-evaluation. Brunner-Routledge: Hove, East Sussex.

12. Pierre Legendre (1998): Das Verbrechen des Gefreiten Lortie. Abhandlung über den Vater. Rombach: Freiburg.

13. Ebd., S. 19.

14. Ebd., S. 145ff.

15. Es ist die Frage, ob manche Väter dies wünschen und Väter werden wollen. Hans-Geert Metzger hat dies in seiner Arbeit *Die Angst der Väter vor der Kindheit* (2004) beschrieben. In: *Psychologie Heute*, März-Heft, 28–31.

16. Wie 12., S. 141.

17. Sie ist abzulesen am Rückgang der Eheschließungen seit Anfang der 60er Jahre (1960: 689.028; 1970: 575.233; 1980: 496.603; 1990: 516.388; 1996: 427.297). Zahlen des Statistischen Landesamtes Bremen. Gegenwärtig wird ein leicht schwankender Anstieg der Eheschließungen beobachtet. 2003: 382.911; 2004: 396.992; 2005: 388.451.

18. Zudem hat sich »das mittlere Heiratsalter westdeutscher Männer und Frauen von 1970 bis 1996 beträchtlich verschoben, und zwar von 25,6 auf 30,1 Jahre für die Männer und von 22,7 auf 27,7 Jahre für die Frauen.« Aus: Klaus A. Schneewind (1999): Familienpsychologie. W. Kohlhammer: Stuttgart, S. 58. Für die Frauen – 2003: 29,0; 2004: 29,4; 2005: 29,6. Für die Männer – 2003: 32,0; 2004: 32,3; 2005: 32,6. Die aktuellen Zahlen sind Zahlen des Statistischen Bundesamtes Wiesbaden.

19. Die Zahl der unverheirateten Paare hat zugenommen: von 137.000 im Jahre 1972 auf 1.408.000 im Jahre 1996. Das ist eine Zunahme um mehr als das Zehnfache. Diese Paare (mit und ohne Kinder) haben 1996 einen Anteil von 4,9 Prozent an der Gesamtheit der sozialen Gefüge, für die das bevölkerungsstatistische Substantiv »Haushalt« benutzt wird. Ehepaare ohne Kinder machen inzwischen einen Anteil von 24,5 Prozent aller Haushalte aus. Aus: Schneewind (1999), ebd., S. 59.

20. Klaus Schneewind betont, dass »nur ein geringer Teil dieser Zunahme auf ältere Personen, wie etwa verwitwete Frauen, zurückzuführen ist. Vielmehr sind es junge Leute, die es bevorzugen, innerhalb ihrer eigenen vier Wände zu leben. So lebten z.B. 1972 rund 21 Prozent der jungen Männer und 10 Prozent der jungen Frauen im Alter zwischen 25 und 34 Jahren allein, während im Jahr 1996 die ent-

sprechenden Zahlen auf 51.2 Prozent bzw. 34,5 Prozent angestiegen sind.« Aus: Schneewind (1999), ebd., S. 60.

21. Vergleicht man die altersspezifischen Geburten der 15- bis 44-jährigen Frauen, dann sank die Geburtenziffer von 2,37 im Jahre 1960 auf 1,39 im Jahre 1996. Aus: Schneewind (1999), ebd. S. 61. Die Geburtsfruchtbarkeitsrate wird im Siebten Familienbericht der Bundesregierung für 1995 mit 1,25 ausgewiesen, für 2000 mit 1,38 und für 2002 mit 1,34, auf S. 18ff.

22. Im Jahre 1999 heirateten etwa 430.100 Paare. Im Jahre 1997 wurden 422.776 Ehen geschlossen, 187.802 Ehen geschieden. Von den 1997 gut 400.000 legalisierten Ehen wurden 146.089 Ehen von Partnern eingegangen, die bereits verheiratet oder verwitwet waren und sich ein weiteres Mal in dieser Lebensform banden. Der Anteil der geschiedenen Frauen, die 1997 wieder heirateten, betrug 23,7 Prozent, der Anteil der geschiedenen Männer, die sich im selben Jahr in der Ehe erneut banden, 21,3 Prozent. Zahlen des Statistischen Landesamtes Bremen.

23. Heribert Engstler (1997): Die Familie im Spiegel der amtlichen Statistik. Lebensformen, Familienstrukturen, wirtschaftliche Situation der Familien und familiendemographische Entwicklung in Deutschland. Erstellt im Auftrag des Bundesministeriums für Familie, Senioren, Frauen und Jugend in Zusammenarbeit mit dem Statistischen Bundesamt Bonn. Gegenwärtig gehen die amtlichen Statistiker weiterhin davon aus: »Unter Einbeziehung der Daten bis einschließlich des Berichtsjahres 2004 muss dem Schätzansatz folgend damit gerechnet werden, dass in Deutschland mehr als ein Drittel aller Ehen früher oder später durch die Gerichte geschieden wird.« Aus: Statistisches Bundesamt. Wirtschaft und Statistik 12/2005.

24. Von den Scheidungen ihrer Eltern im Jahre 1997 waren 163.112 minderjährige Kinder betroffen – 1996 waren es 141.800 Kinder, die miterlebten, dass ihre Eltern ihre Ehe auflösten. 1998 erfuhren 159.298 Kinder die gerichtliche Auflösung der Ehe ihrer Eltern. Zahlen des Statistischen Landesamtes Bremen. 2004 waren es 156.389 Kinder, die die Scheidungen ihrer Eltern erlebten. Zahl des Statistischen Bundesamtes.

Die Patchwork-Familie wird zunehmend zu einem familiären Normalfall. In den USA, in denen die Scheidungsquote bei 50 Prozent der eingegangenen Ehen liegt – was in etwa den Scheidungsraten entspricht, welche in den bundesdeutschen Großstädten registriert werden –, schätzt die amerikanische Regierung, dass es bis zum Jahre 2007 mehr Stieffamilien oder Patchwork-Familien als traditionelle Kernfamilien geben wird. Das würde bedeuten, dass mehr als 60 Prozent in einem familiären Gefüge leben werden, in dem ein Stiefelternteil existiert – in der Bundesrepublik zwischen geschätzten 5 bis 10 Prozent. Bis zum Ende des Jahres 1995 wurde in den Vereinigten Staaten der Anteil der Stieffamilien auf 5,5 Millionen geschätzt. Obwohl 75% der amerikanischen Männer und 66% der amerikanischen Frauen erneut heiraten, hat die Heiratsrate abgenommen. Weil die Scheidungsrate von erneut eingegangenen Ehen größer ist als die der Erst-Ehen, wird von zehn Kindern ein Kind zumindest zwei Scheidungen seiner Eltern und Stiefeltern erleben. »Mehr und mehr machen Eltern und Kinder eine Vielzahl von verschiedenen familiären Gefügen durch, was mit bemerkens-

werten Herausforderungen und Veränderungen der Rollen, Beziehungen und Lebenserfahrungen verbunden ist, die das Wohlergehen der Familienmitglieder entweder unterminieren oder steigern.«
Aus: E. Mavis Hetherington (1999): Coping With Divorce, Single Parenting, and Remarriage. A Risk and Resiliency Perspective. Lawrence Erlbaum: Mahwah, New Jersey, S. VII.

25. Heribert Engstler, ebd., S. 32.
Sabine Walper referiert in ihrem Text über »Stiefkinder« die 1988 publizierte Studie von K. Schwarz: »1985 haben ca. 7 Prozent aller minderjährigen Kinder mit einem leiblichen Eltern- und einem angeheirateten Stiefelternteil zusammengelebt.« Sie rechnet weiter: »Hinzukommen die Stiefkinder in nicht-ehelichen Lebensgemeinschaften«, die »über ein Prozent aller Kinder ausmachen und aufgrund der gesunkenen Wiederheiratsneigung Geschiedener sowie des Anstiegs nicht-ehelicher Lebensgemeinschaften noch zunehmen. Weiterhin erhält ein Drittel aller nichtehelich geborenen Kinder (also ca. drei Prozent aller minderjährigen Kinder) durch Heirat der Mutter einen Stiefvater.«
Aus: Manfred Markefka und Bernhard Nauck (1993): Handbuch der Kindheitsforschung. Hermann Luchterhand: Neuwied, S. 429.
26. Einen guten Überblick geben Verena Krähenbühl, Hans Jellouschek, Margarete Kohaus-Jellouschek und Ronald Weber (2001) in: Stieffamilien. Struktur – Entwicklung – Therapie. Lambertus: Freiburg, 5. Auflage.
27. Zwei Beispiele: Anette Lache: Alle Stief – Oder Was? Meine Kinder, deine Kinder, unsere Kinder. Je mehr Geschiedene sich neu binden, desto bunter werden die Lebensformen. Die traditionelle Kleinfamilie ist auf dem Rückzug – nur die Politik hat es noch nicht begriffen. *Stern* Nr. 22 vom 25.05.2000, S. 42–52.
Wie man als Patchwork-Familie glücklich wird. In: Familie 9/2000, 10–22.
28. Wie 12., S. 165.
29. Alain Ehrenberg (2004): Das erschöpfte Selbst. Depression und Gesellschaft in der Gegenwart. Campus: Frankfurt am Main.

Kapitel 1: Ein Winterabend der Gereiztheit

1. Heribert Engstler (1997): Die Familie im Spiegel der amtlichen Statistik. Lebensformen, Familienstrukturen, wirtschaftliche Situation der Familien und familiendemographische Entwicklung in Deutschland. Erstellt im Auftrag des Bundesministeriums für Familie, Senioren, Frauen und Jugend in Zusammenarbeit mit dem Statistischen Bundesamt. Bonn, S. 32.

Kapitel 2: Was ist anders in einer Patchwork-Familie?

1. Donald Woods Winnicott (1951): Transitional Objects and Transitional Phenomena. In: D.W. Winnicott (1982): Through Paediatrics to Psycho-Analysis. Hogarth: London, S. 229–242.

2. Sigmund Freud (1938): Ergebnisse, Ideen, Probleme. Gesammelte Werke Bd. XVII. S. Fischer: Frankfurt am Main 1966, S. 152.
3. Françoise Dolto (1996): Scheidung. Wie ein Kind sie erlebt. Klett-Cotta: Stuttgart.

Kapitel 3: Patchwork-Familie oder Stieffamilie? Über die Schwierigkeit, den angemessenen Begriff zu finden

1. Oliver König (1996): Die Rolle der Familie in der Soziologie unter besonderer Berücksichtigung der Familiensoziologie René Königs. *Familiendynamik*, Heft 3, 239–267.
2. Verena Krähenbühl et al. (1986): Stieffamilien, Struktur – Entwicklung – Therapie. Lambertus: Freiburg.
3. Wilma Debacher und Thomas Merz (1998): Die Patchworkfamilie – ein Familienpuzzle? In: Sigrid Damm (Hrsg.) (1998): Patchworkfamilien und Stieffamilien. Besonderheiten in Alltag und Psychotherapie. Universitätsverlag Tübingen: Tübingen, S. 17–47.
4. Anneke Napp-Peters (1985): Ein-Elternteil-Familien. Soziale Randgruppe oder neues familiales Selbstverständnis? Beltz: Weinheim. Richard M.-L Müller-Schlotmann (1998): Folgeelternschaft. *Familiendynamik*, Heft 3, 252–265.
5. Katharina Ley und Christine Borer (1992): Und sie paaren sich wieder. Über Fortsetzungsfamilien. Edition diskord: Tübingen.
6. *Die Zeit* Nr. 21 vom 20.05.1999.
7. Ulrich Beck und Elisabeth Beck-Gernsheim (1990): Das ganz normale Chaos der Liebe. Suhrkamp: Frankfurt am Main.
8. Katharina Ley, ebd., S. 178.

Kapitel 4: Der Alltag in Patchwork-Familien: Die Kinder

1. Erich Kästner (1978): Das doppelte Lottchen. Büchergilde Gutenberg: Frankfurt am Main.
2. Christopher Bollas (1997): Der Schatten des Objekts. Das ungedachte Bekannte. Zur Psychoanalyse der frühen Entwicklung. Klett-Cotta: Stuttgart, S. 111.
3. Christopher Bollas (1992): Being A Character. Routledge: London.
4. Sigmund Freud (1966): Vorlesungen zur Einführung in die Psychoanalyse. Gesammelte Werke Bd. XI. S. Fischer: Frankfurt am Main, S. 447ff.
5. Françoise Dolto (1996): Scheidung. Wie ein Kind sie erlebt. Klett-Cotta: Stuttgart, S. 92.
6. Donald Woods Winnicott (1958): Die Fähigkeit zum Alleinsein. In: D.W. Winnicott (1974): Reifungsprozesse und fördernde Umwelt. Kindler: München, S. 36–46.

7. Sigmund Freud (1967): Zur Psychologie des Gymnasiasten. Gesammelte Werke, Bd. X. S. Fischer: Frankfurt am Main, S. 204–207.
8. Sigmund Freud (1968): Die Verneinung. Gesammelte Werke, Bd. XIV. S. Fischer: Frankfurt am Main, S. 14.

Kapitel 5: Zwischen den Stühlen: Die Mutter in der Patchwork-Familie

1. In ihrer Untersuchung von Familientherapeuten, die nach den benignen und den malignen Interaktionen von leiblichen Elternteilen in stieffamiliären Kontexten befragt wurden, verweist Claire Cartwright auf die Notwendigkeit elterlicher Loyalität, der es gelingt, die Eltern-Kind-Beziehung zu erhalten – und sie nicht der neuen familiären Konstellation zu opfern. Clare Cartwright (2003): Therapists' Perceptions of Bioparent-Child Relationships in Stepfamilies: What Hurts? What Helps? In: *Journal of Divorce and Remarriage* 38 (3/4), 147–165.

Kapitel 6: Auf dem Prüfstand des Alltags: Der Stiefelternteil

1. Meyers Enzyklopädisches Lexikon, Bd. 13. Bibliographisches Institut: Mannheim 1980.
2. persönliche Mitteilung von Gerhard Amendt
3. Max Frisch (1963): Tagebuch. Suhrkamp: Frankfurt am Main, S. 422.
4. Hildegard Baumgart (1988): Eifersucht – Dreiecksgeschichten. *Familiendynamik*, Heft 2, 98.

Kapitel 8: Der abwesende leibliche Elternteil: Der unsichtbare anwesende Dritte

1. Emily und John Visher (1995): Stiefeltern, Stiefkinder und ihre Familien. Beltz: Weinheim, S. 45.
2. James H. Bray: Children Raised in Stepfamilies. Vortrag, der am 13.08.1994 auf der 102. jährlichen Tagung der *American Psychological Association* gehalten wurde.
3. Marlene Stein-Hilbers (1994): Wem »gehört« das Kind? Neue Familienstrukturen und veränderte Eltern-Kind-Beziehungen. Campus: Frankfurt am Main, S. 156.
4. *Der Spiegel*: Verlierer sind die Männer. Nr. 47 von 1997.
5. James L. Framo (1980): Scheidung der Eltern – Zerreißprobe für die Kinder. *Familiendynamik* Heft 3, 224.
6. Über die Not der leiblichen Väter berichtet eindrucksvoll Gerhard Amendt in seiner Arbeit *Scheidungsväter*. Bremen: Institut für Geschlechter- und Generationenforschung 2004.

7. Wilma Debacher und Thomas Merz (1998): Die Patchworkfamilie – ein Familienpuzzle? In: Sigrid Damm (Hrsg.) (1998): Patchworkfamilien und Stieffamilien. Besonderheiten in Alltag und Psychotherapie. Universitätsverlag Tübingen: Tübingen, S. 17–47.
8. Donald Woods Winnicott (1980): Playing and Reality. Penguin: London.
9. Edward Glover (1979): The Technique of Psycho-Analysis. International Universities Press: New York.
10. Gertrude und Rubin Blanck (1978): Ehe und seelische Entwicklung. Klett-Cotta: Stuttgart.
11. Sigrid Damm, ebd., S. 30.
12. Helm Stierlin (1978): Delegation und Familie. Suhrkamp: Frankfurt am Main.
13. Marke Stein-Hilbers, ebd., S. 159.
14. Katharina Ley und Christine Borer (1992): Und sie paaren sich wieder. Über Fortsetzungsfamilien. Edition diskord: Tübingen, S. 169.
15. Inwieweit dies gelingt, ist vermutlich abhängig vom Alter und vom Geschlecht der Kinder. Vulnerabel sind kleine, adoleszente und männliche Kinder. Die Studien von Edith Wallerstein, die Entwicklungsprozesse über 25 Jahre lang begleitete, von Gerhard Amendt und von der Forschergruppe Alan Reifmann et al. konstatieren deutliche bis leichte Wirkungen der Scheidung auf die Kinder. Alan Reifmann, Laura C. Villa, Julie A. Amans, Vasuki Rethinam und Tiffany Y. Telesca (2001): Children of Divorce in the 1990s: A Meta-Analysis. In: *Journal of Divorce and Remarriage* 36 (1/2), 27–36.

Kapitel 9: Das Problem der unklaren Besetzung des väterlichen Amtes

1. Walter Bien, Angela Hartl und Markus Teubner (2002): Stieffamilien in Deutschland. Eltern und Kinder zwischen Normalität und Konflikt. Leske und Budrich: Opladen.
2. Verena Krähenbühl, Hans Jellouschek, Margarete Kohaus-Jellouschek und Roland Weber (2001): Stieffamilien. Struktur – Entwicklung – Therapie. Freiburg: Lambertus-Verlag. 5. veränderte Auflage.
3. Gerhard Amendt (2004): Scheidungsväter. Institut für Geschlechter- und Generationenforschung: Universität Bremen.
4. Zur Bedeutung des Vaters siehe: Ludwig F. Lowenstein (2005): Causes and Associated Features of Divorce as Seen by Recent Reasearch. *Journal of Divorce and Remarriage* 42 (3/4), 153–171.

Kapitel 10: Der Stiefelternteil: Das fünfte Rad am Wagen?

1. Paul Bohannan und Rosemary Erickson (1978): Stiefväter. *Psychologie Heute*, Mai-Heft, 53–57.

2. Donald Woods Winnicott (1974): Die Frage des Mitteilens und des Nicht-Mitteilens führt zu einer Untersuchung gewisser Gegensätze. In: D.W. Winnicott (1974): Reifungsprozesse und fördernde Umwelt. Kindler: München, S. 245: »Im Zentrum jeder Person ist ein Element des ›incommunicado‹, das heilig und höchst bewahrenswert ist.«

3. Gerhard Bliersbach (1999): Wenn »Es« aus uns spricht ... *Psychologie Heute*, Heft 12, 34–37.

4. Friedrich Kluge (1975): Etymologisches Wörterbuch. Walter de Gruyter: Berlin.

5. Patricia L. Papernow (1998): Becoming A Stepfamily. Patterns of Development in Remarried Families. Gestalt Institute of Cleveland Press: Cambridge, Massachusetts.

6. Till Bastian (2000): Eigensinn hält gesund. *Psychologie Heute*, Mai-Heft, 20–25.

7. Wie 5.

8. Gill Gorell Barnes, Paul Thompson, Gwyn Daniel und Natasha Burchardt (1998): Growing Up In Stepfamilies. Clarendon Press: Oxford, S. 277.

Kapitel 11: Wie wird aus der Patchwork-Familie ein familiäres Gefüge?

1. Sigmund Freud (1966): Vorlesungen zur Einführung in die Psychoanalyse. Gesammelte Werke Bd. XI. S. Fischer: Frankfurt am Main.

2. Donald Woods Winnicott (1990): Der Anfang ist unsere Heimat. Klett-Cotta: Stuttgart.

3. Christian Graf von Krockow in: *Die Zeit* vom 05.10.1984, S. 73.

4. Donald W. Winnicott, ebd., S. 136.

5. Christopher Bollas (1997): Der Schatten des Objekts. Das ungedachte Bekannte. Zur Psychoanalyse der frühen Entwicklung. Klett-Cotta: Stuttgart, S. 153.

6. C. Bollas, ebd., S. 155.

7. Arnold H. Modell: Other Times, Other Realities. Toward a Theory of Psychoanalytic Treatment. Harvard University Press: London 1990, S. 75.

8. Wie 1.

9. Christopher Bollas, ebd., S. 13: Paula Heimann, Mitglied der Britischen Psychoanalytischen Gesellschaft, »aber wußte, daß ein Patient in jedem beliebigen Augenblick einer Stimmung mit der Stimme der Mutter sprechen kann oder in der Stimmung des Vaters oder auch aus irgendeinem Fragment eines kindlichen Selbst heraus, das entweder ausgelebt oder vom Leben ferngehalten worden ist.«

10. persönliche Mitteilung von Gerhard Amendt

11. Donald Woods Winnicott (1980): Playing and Reality. Penguin: London.

12. Heinrich Spoerl: Die Feuerzangenbowle, 1944 von Helmut Weiß mit Heinz Rühmann verfilmt

Kapitel 12: Die Aufgaben von Differenzierung und Integration in Patchwork-Familien

1. Gill Gorell Barnes, Paul Thompson, Gwyn Daniel und Natasha Burchardt (1998): Growing Up In Stepfamilies. Clarendon Press: Oxford, S. 271.
2. Emily und John Visher, ebd., S. 99.
3. Patricia L. Papernow, ebd., S. 18.
4. Gay Ochiltree (1990): Children in Stepfamilies. Melbourne: Prentice Hall, zit. in: Gill Gorell Barnes et al., S. 291.
5. Aviva Mazor, Pumpi Batiste-Harel und Yolanda Gampel (1998): Divorcing Spouses' Coping Patterns, Attachment Bonding and Forgiveness Processes in the Post-Divorce Experience. *Journal of Divorce and Remarriage* 29 (3/4), 65–81
6. Visher, ebd., S. 201.
7. Visher, ebd., S. 98.
8. Ingrid Friedl und Regine Maier-Aichen (1991): Leben in Stieffamilien. Familiendynamik und Alltagsbewältigung in neuen Familienkonstellationen. Juventa: Weinheim, S. 100.
9. Friedl, ebd., S. 107.
10. Friedl, ebd., S. 125.
11. Gill Gorell Barnes, ebd., S. 278.
12. Gill Gorell Barnes, ebd., S. 157.
13. Gill Gorell Barnes, ebd., S. 157.
14. Friedl, ebd., S. 221.
15. Friedl, ebd., S. 222.
16. Linda Nielsen (1999): Stepmothers: Why So Much Stress? A Review of the Research. *Journal of Divorce and Remarriage* 30 (1/2), 115–148.
17. Donald Woods Winnicott (1990): Der Anfang ist unsere Heimat. Klett-Cotta: Stuttgart, S. 137.
18. Verena Krähenbühl, Anneliese Schramm-Geiger und Jutta Brandes-Kessel (2000): Meine Kinder, deine Kinder, unsere Kinder. Wie Stieffamilien zusammenfinden. Rowohlt Taschenbuch Verlag: Reinbek, S. 13.
19. Friedl, ebd., S. 268.
20. Hildegard Ewering (1996): Stieffamilien. Schwierigkeiten und Chancen. LIT Verlag: Münster, S. 93.
21. Friedl, ebd., S. 268.
22. Friedl, ebd., S. 268.
23. Roni Berger (1995): Three Types of Stepfamilies. *Journal of Divorce and Remarriage* 24 (1/2), 35–49.
24. Verena Krähenbühl, Hans Jellouschek, Margarete Kohaus-Jellouschek und Roland Weber (2001): Stieffamilien. Struktur – Entwicklung – Therapie. Freiburg: Lambertus-Verlag. 5. veränderte Auflage.
25. Gloria Messick Svare, Sydney Jay und Mary Ann Mason (2004): An Exploratory Study of Stepparenting Approaches *Journal of Divorce and Remarriage* 41 (3/4), 8–97.

26. E.M Hetherington, M. Bridges und G.M. Insabella (1998): What matters? What does not?: Five perspectives on the association between marital transitions and children's adjustment. *American Psychologist* 53, 167–184.

Kapitel 13: Die dringendsten Fragen und Antworten

1. Ann R. Skopin, Barbara M. Newman und Patrick C.McKenry (1993): Influences on the Quality of Stepfather-Adolescent Relationships: Views of Both Family Members. *Journal of Divorce and Remarriage* 19 (3/4), 181–196.
2. Linda Nielsen (1999): Stepmothers: Why So Much Stress? A Review of the Research. *Journal of Divorce and Remarriage* 30 (1/2), 128.
3. Pauline I. Erera-Weatherley (1996): On Becoming a Stepparent: Factors Associated with the Adoption of Alternative Stepparenting Styles. *Journal of Divorce and Remarriage* 25 (3/4), 155–174.
4. Sarah McLanahan (1999): Father Absence and the Welfare of Children. In: E. Mavis Hetherington (Hrsg.) (1999): Coping With Divorce, Single Parenting, And Remarriage. A Risk and Resiliency Perspective. Lawrence Erlbaum: London.
5. Wassilios E. Fthenakis (1995): Kindliche Reaktionen auf Trennung und Scheidung, *Familiendynamik*, Heft 2, 127–154.
6. Paul R. Amato: Children of Divorced Parents as Young Adults. In: E. Mavis Hetherington, ebd., S. 147–164.
7. Paul Amatos Forschungen beziehen sich auf die 80er Jahre. Für die 90er Jahre relativieren Alan Reifman und seine Mitautoren Amatos Votum vorsichtig: dass die Forschung insgesamt für das kindliche Wohlbefinden in den Lebensbereichen Schulleistungen, Verhalten, Anpassungsfähigkeit, Selbst-Konzept, soziale Anpassung, Mutter-Kind- und Vater-Kind-Beziehungen einen kleinen, aber konsistenten Abfall registriert hat. Alan Reifmann, Laura C. Villa, Julie A. Amans, Vasuki Rethinam und Tiffany Y. Telesca (2001): Children of Divorce in the 1990s: A Meta-Analysis. In: *Journal of Divorce and Remarriage* 36 (1/2), 27–36.
8. A.P. Spruijt (1999): Adolescents from Stepfamilies, Single-Parent Families and (In)Stable Intact Families in The Netherlands. *Journal of Divorce and Remarriage* 24 (1/2), 115–132.
9. James H. Bray (1999): From Marriage to Remarriage and Beyond: Findings From the Developmental Issues in StepFamilies Research Project. In: E. Mavis Hetherington, ebd., S. 253–272.
10. Ebd.
11. Ebd.
12. Über die psychosomatischen Reaktionen auf einen offensichtlichen Schockzustand informiert der Aufsatz von Jolene Oppawsky anhand von drei Fallgeschichten sehr kleiner Kinder: J. Oppapawsky (1999): Psychosomatic Reactions of Very Young Children to Divorce: Elective Mutism, Tic and Erl-Königs Syn-

drome. *Journal of Divorce and Remarriage* 30 (3/4), 71–84. Siehe auch: Frode Thuen (2000): Psychiatric Symptoms and Perceived Need for Psychiatric Care After Divorce. *Journal of Divorce and Remarriage* 34 (1/2), 61–76.

13. persönliche Mitteilung von Gerhard Amendt

14. Katalin Morrison und Wilma Stollman (1995): Stepfamily Assessment: An Integrated Model. *Journal of Divorce and Remarriage* 24 (1–2), 163–182.

15. Ludwig F. Lowenstein (2005): Causes and Associated Features of Divorce as Seen by Recent Reasearch. *Journal of Divorce and Remarriage* 42 (3/4), 153–171.

16. Sidney M. Jourard (1982): Ehe fürs Leben – Ehe zum Leben. *Familiendynamik* Heft 2, 171–182.

17. Vgl. James H. Bray, ebd., S. 266.

18. Vgl. Ann R. Skopin, ebd.

19. Christy M. Buchanan, Eleanor E. Maccoby und Sanford M. Dornbusch (1996): Adolescents After Divorce. Harvard University Press: London, S. 265.

20. E. Mavis Hetherington (1999): Should We Stay Together for the Sake of the Children? In: E. Mavis Hetherington, ebd., S. 93–116. Siehe auch: Jenifer Kunz (2001): Parental Divorce and Children's Interpersonal Relationships: A Meta-Analysis. *Journal of Divorce and Remarriage* 34, (3/4), 19–47. – Claire Cartwright und Fred Seymour (2002): Young Adults' Perceptions of Parents' Responses in Stepfamilies: What Hurts? What Helps? *Journal of Divorce and Remarriage* 37 (3/4), 123–141. – Bridget Freisthler, Gloria Messick Svare und Sydney Harrison-Jay (2003): It Was the Best of Times, It Was the Worst of Times: Young Adult Stepchildren Talk About Growing Up in a Stepfamily. *Journal of Divorce and Remarriage* 38 (3/4), 83–102. – Barry D. Ham (2004): The Effects of Divorce and Remarriage on the Academic Achievement of High School Seniors. *Journal of Divorce and Remarriage* 42 (1/2), 159–178. – Helmuth Figdor (2004): Kinder aus geschiedenen Ehen: Zwischen Trauma und Hoffnung. Wie Kinder und Eltern die Trennung erleben. Psychosozial-Verlag: Gießen. 8. Auflage.

21. Christy Buchanan, ebd.

22. Cathrin Kahlweit: Weniger Probleme, bessere Noten. *SZ* Nr. 148 vom 01.07.2003, S. 9. – Cathrin Kahlweit: Fürsorglicher Eroberungskrieg. *SZ* Nr. 221 vom 25.09.1997, S. 3. – Heribert Prantl: Neues Sorgerecht: gut oder nur gutgemeint? *SZ* Nr. 222 vom 26.09.1997, S. 4. – Rolf Lamprecht: Der gnadenlose Kampf ums Kind. *SZ* Nr. 103 vom 05.05.2001.

23. Gerhard Amendt: Scheidungsväter. Institut für Geschlechter- und Generationenforschung: Universität Bremen 2004.

24. persönliche Mitteilung von Peter Fürstenau

25. Paul Watzlawick (1980): Interaktion. Huber: Stuttgart.

26. Donald Woods Winnicott (1947): Hate in the Countertransference. In: D.W. Winnicott (1982): Through Paediatrics to Psycho-Analysis. Hogarth: London, S. 194–203.

27. »Anger is Not a Toxic Emotion in Marriages« lautet eine Titel-Überschrift in Sybil Carrères und John M. Gottmans Aufsatz »Predicting the Future of Marriages.« Mit anderen Worten: die Artikulation von Wut oder Zorn verträgt eine

Ehe. Problematisch, so die Autoren, sind dagegen Gefühle wie Verachtung und Kränkbarkeit. In: E. Mavis Herington, ebd., S. 13.

28. Arbeitsgemeinschaft Stieffamilien e.V., Bahnhofstraße 59, 63179 Obertshausen; Telefon: 06104-407970; Fax: 06104-407971. Website: stieffamilien.de. E-Mail: info@stieffamilien.de. Die Arbeitsgemeinschaft vermittelt auch Anschriften von Selbsthilfegruppen.

29. Gerhard Bliersbach (1991): Therapie als Ethik des Gebens und Nehmens. Über den Familientherapeuten Ivan Boszormenyi-Nagy. *Psychologie Heute*, Heft 11, 54–59.

30. Ivan Boszormenyi-Nagy (1982): Unsichtbare Bindungen. Klett-Cotta: Stuttgart.

31. Emily und John Visher, ebd., S. 99.

32. Patricia L. Papernow, ebd., S. 18.

33. Emily und John Visher, ebd., S. 135.

34. Sigmund Freud (1966): Der Dichter und das Phantasieren. Gesammelte Werke Bd. VII. S. Fischer: Frankfurt am Main, S. 213–223.

Literatur

Paul R. Amato (1999): Children of Divorced Parents as Young Adults. In: E. Mavis Hetherington (Hrsg.): Coping With Divorce, Single Parenting, and Remarriage. A Risk and Resiliency Perspective. Lawrence Erlbaum: London.

Gerhard Amendt (2004): Scheidungsväter. Bremen: Institut für Geschlechter- und Generationenforschung.

Gill Gorell Barnes, Paul Thompson, Gwyn Daniel und Natasha Burchardt (1998): Growing Up In Stepfamilies. Clarendon Press: Oxford.

Till Bastian (2000): Eigensinn hält gesund. *Psychologie Heute*, ai-Heft, 20–25.

Hildegard Baumgart (1988): Eifersucht – Dreiecksgeschichten. *Familiendynamik*, Heft 2, 94–115.

Ulrich Beck und Elisabeth Beck-Gernsheim (1990): Das ganz normale Chaos der Liebe. Suhrkamp: Frankfurt am Main.

Ulrich Beck und Ulf Erdmann Ziegler (1997): Eigenes Leben. Ausflüge in die unbekannte Gesellschaft, in der wir leben. C.H. Beck: München.

Roni Berger (1995): Three Types of Stepfamilies. *Journal of Divorce and Remarriage* 24 (1/2), 35–49.

Rubin und Gertrude Blanck (1978): Ehe und seelische Entwicklung. Klett-Cotta: Stuttgart.

Gerhard Bliersbach (1990): »Schön, daß Sie hier sind!« Die heimlichen Botschaften der TV-Unterhaltung. Beltz: Weinheim.

Gerhard Bliersbach (1991): Therapie als Ethik des Gebens und Nehmens. Über den Familientherapeuten Ivan Boszormenyi-Nagy. *Psychologie Heute*, November-Heft, 54–59.

Gerhard Bliersbach (1999): Schwierige Verhältnisse. Über das Innenleben von Stieffamilien. *Psychologie Heute*, Januar-Heft, 36–42.

Gerhard Bliersbach (1999): Wenn »Es« aus uns spricht ... *Psychologie Heute*, Dezember-Heft, 34–37.

Paul Bohannan und Rosemary Erickson (1978): Stiefväter. *Psychologie Heute*, Mai-Heft, 53–57.

Christopher Bollas (1992): Being A Character. Psycho-Analysis And Self-experience. Routledge: London.

Christopher Bollas (1997): Der Schatten des Objekts. Das ungedachte Bekannte. Zur Psychoanalyse der frühen Entwicklung. Klett-Cotta: Stuttgart.

Ivan Boszormenyi-Nagy (1982): Unsichtbare Bindungen: Klett-Cotta: Stuttgart.

James H. Bray (1994): Children Raised in Stepfamilies. Vortrag, der am 13.08.1994 auf der 102. Tagung der *American Psychological Association* gehalten wurde.

James H. Bray (1999): From Marriage to Remarriage and Beyond: Findings from the Developmental Issues in Stepfamilies Research Project. In: E. Mavis Hetherington (Hrsg.): Coping With Divorce, Single Parenting, and Remarriage. A Risk and Resiliency Perspective. Lawrence Erlbaum: London, S. 253–271.

Christy M. Buchanan, Eleanor E. Maccoby und Sanford M. Dornbusch (1996): Adolescents After Divorce. Harvard University Press: London.

Sybil Carrère und John M. Gottman (1999): Predicting The Future of Marriages. In: E. Marvis Hetherington (Hrsg.): Coping With Divorce, Single Parenting, and Remarriage. A Risk and Resiliency Perspective. Lawrence Erlbaum: London, S. 3–22.

Clare Cartwright (2003): Therapists' Perceptions of Bioparent-Child Relationships in Stepfamilies: What Hurts? What Helps? In: *Journal of Divorce and Remarriage* 38 (3/4), 147–165.

Colette Chiland (1982): A new look at fathers. *Psychoanalytic Study of the Child* 37, 367–379, zit. in: Mary Target und Peter Fonagy (2002): Fathers in modern psychoanalysis and in society: the role of the father and child development. Aus: J. Trowell und A. Etchegoyen (Hrsg.) (2002): Importance of Fathers. A Psychoanalytic Re-evaluation. Brunner-Routledge: Hove, East Sussex.

Sigrid Damm (Hrsg.) (1998): Patchworkfamilien und Stieffamilien. Besonderheiten in Alltag und Psychotherapie. Universitätsverlag Tübingen: Tübingen.

Wilma Debacher und Thomas Merz: Die Patchworkfamilie – ein Familienpuzzle? In: Sigrid Damm (Hrsg.) (1998): Patchworkfamilien und Stieffamilien. Besonderheiten in Alltag und Psychotherapie. Universitätsverlag Tübingen: Tübingen, S. 17–47.

Francoise Dolto (1996): Scheidung. Wie ein Kind sie erlebt. Klett-Cotta: Stuttgart.

Alain Ehrenberg (2004): Das erschöpfte Selbst. Depression und Gesellschaft in der Gegenwart. Campus: Frankfurt am Main.

Heribert Engstler (1997): Die Familie im Spiegel der amtlichen Statistik. Lebensformen, Familienstrukturen, wirtschaftliche Situation der Familien und familiendemographische Entwicklung in Deutschland. Bundesministerium für Familie, Senioren, Frauen und Jugend. Bonn.

Hans Magnus Enzensberger (2006): Schreckensmänner. Versuch über den radikalen Verlierer. Suhrkamp: Frankfurt am Main.

Pauline I. Erera-Weatherley (1996): On Becoming a Stepparent: Factors Associated with the Adoption of Alternative Stepparenting Styles. *Journal of Divorce and Remarriage* 25 (3/4), 155–174.

Helmuth Figdor (2004): Kinder aus geschiedenen Ehen: Zwischen Trauma und Hoffnung. Wie Kinder und Eltern die Trennung erleben. Psychosozial-Verlag: Gießen, 8. Auflage.

Sigmund Freud (1966): Vorlesungen zur Einführung in die Psychoanalyse. Gesammelte Werke Bd. XI. S. Fischer: Frankfurt am Main.

Sigmund Freud (1966): Der Dichter und das Phantasieren. Gesammelte Werke Bd. VII. S. Fischer: Frankfurt am Main.

Sigmund Freud (1966): Ergebnisse, Ideen, Probleme. Gesammelte Werke Bd. XVII. S. Fischer: Frankfurt am Main.

Sigmund Freud (1967): Zur Psychologie des Gymnasiasten. Gesammelte Werke Bd. X. S. Fischer: Frankfurt am Main.

Sigmund Freud (1968): Das Unbehagen in der Kultur. Gesammelte Werke Bd. XIV. S. Fischer: Frankfurt am Main.

Sigmund Freud (1968): Die Verneinung. Gesammelte Werke Bd. XIV. S. Fischer: Frankfurt am Main.

Bridget Freisthler, Gloria Messick Svare und Sydney Harrison-Jay (2003): It Was the Best of Times, It Was the Worst of Times: Young Adult Stepchildren Talk About Growing Up in a Stepfamily. *Journal of Divorce and Remarriage* 38 (3/4), 83–102.

Ingrid Friedl und Regine Maier-Aichen (1991): Leben in Stieffamilien. Familiendynamik und Alltagsbewältigung in neuen Familienkonstellationen. Juventa: Weinheim.

Max Frisch (1963): Tagebuch 1946–1949. Suhrkamp: Frankfurt am Main.

Max Frisch (1964): Mein Name sei Gantenbein. Suhrkamp: Frankfurt am Main.

Wassilios E. Fthenakis (1995): Kindliche Reaktionen auf Trennung und Scheidung. *Familiendynamik*, Heft 2, 127–154.

Edward Glover (1979): The Technique of Psycho-Analysis. International Universities Press: New York.

Barry D. Ham (2004): The Effects of Divorce and Remarriage on the Academic Achievement of High School Seniors. *Journal of Divorce and Remarriage* 42 (1/2), 159–178.

E. Marvis Hetherington (Hrsg.) (1999): Coping With Divorce, Single Parenting, and Remarriage. A Risk and Resiliency Perspective. Lawrence Erlbaum: London.

E. Marvis Hetherington, M. Bridges, und G.M. Insabella (1998): What matters? What does not?: Five perspectives on the association between marital transitions and children's adjustment. *American Psychologist* 53, 167–184.

Carolita Johnson: *The New Yorker* vom 20.10.2003, S. 118.

Sidney M. Jourard (1982): Ehe fürs Leben – Ehe zum Leben. *Familiendynamik*, Heft 2, 171–182.

Cathrin Kahlweit: Weniger Probleme, bessere Noten. *SZ* Nr. 148 vom 01.07.2003, S. 9.

Cathrin Kahlweit: Fürsorglicher Eroberungskrieg. *SZ* Nr. 221 vom 25.09.1997, S. 3.

Erich Kästner (1978): Das doppelte Lottchen. Büchergilde Gutenberg: Frankfurt am Main.

Friedrich Kluge (1975): Etymologisches Wörterbuch. Walter de Gruyter: Berlin.

Oliver König (1996): Die Rolle der Familie in der Soziologie unter besonderer Berücksichtigung der Familiensoziologie René Königs. *Familiendynamik*, Heft 3, 239–267.

Verena Krähenbühl et al. (1986): Stieffamilien, Struktur – Entwicklung – Therapie. Lambertus: Freiburg.

Jenifer Kunz (2001): Parental Divorce and Children's Interpersonal Relationships: A Meta-Analysis. *Journal of Divorce and Remarriage* 34 (3/4), 19–47.

Rolf Lamprecht: Der gnadenlose Kampf ums Kind. *SZ* Nr. 103 vom 05.05.2001.

Pierre Legendre (1998): Das Verbrechen des Gefreiten Lortie. Abhandlung über den Vater. Rombach: Freiburg.

Ludwig F. Lowenstein (2005): Causes and Associated Features of Divorce as Seen by Recent Reasearch. *Journal of Divorce and Remarriage* 42 (3/4), 153–171.

Verena Krähenbühl, Anneliese Schramm-Geiger und Jutta Brandes-Kessel (2000): Meine Kinder, deine Kinder, unsere Familie. Rowohlt Taschenbuch: Reinbek bei Hamburg.

Verena Krähenbühl, Hans Jellouschek, Margarete Kohaus-Jellouschek und Roland Weber (2001): Stieffamilien. Struktur – Entwicklung – Therapie. Freiburg: Lambertus-Verlag, 5. veränderte Auflage.

Christian Graf von Krockow. *Die Zeit* vom 05.10.1984, S. 73.

Anette Lache: Alle Stief – Oder Was? Meine Kinder, deine Kinder, unsere Kinder. Je mehr Geschiedene sich neu binden, desto bunter werden die Lebensformen. Die traditionelle Kleinfamilie ist auf dem Rückzug – nur die Politik hat es noch nicht begriffen. *Stern* Nr. 22 vom 25.05.2000, S. 42–52.

Katharina Ley und Christine Borer (1992): Und sie paaren sich wieder. Über Fortsetzungsfamilien. Edition diskord: Tübingen.

Peter von Matt (1999): Die Liebe in der Literatur. Zur Dramaturgie einer Himmelsmacht. *Familiendynamik*, Heft 4, 369–381.

Aviva Mazor, Pumpi Batiste-Harel und Yolanda Gampel (1998): Divorcing Spouses' Coping Patterns, Attachment Bonding and Forgiveness Processes in the Post-Divorce Experience. *Journal of Divorce and Remarriage* 29 (3/4), 65–81.

Sarah McLanahan (1999): Father Absence and the Welfare of Children. In: E. Mavis Hetherington (Hrsg.) (1999): Coping With Divorce, Single Parenting, And Remarriage. A Risk and Resiliency Perspective. Lawrence Erbaum: London, S. 117–145.

Hans-Geert Metzger (2004): Die Angst der Väter vor der Kindheit. *Psychologie Heute*, März-Heft, 28–31.

Arnold H. Modell (1990): Other Times, Other Realities. Toward a Theory of Psychoanalytic Treatment. Harvard University Press: London.

Katalin Morrison und Wilma Stollman (1995): Stepfamily Assessment: An Integrated Model. *Journal of Divorce and Remarriage* 24 (1–2), 163–182.

Richard M.L. Müller-Schlotmann (1998): Folgeelternschaft. Pflegefamilie und Stieffamilie aus interaktionistischer Perspektive. *Familiendynamik* (3), 252–265.

Anneke Napp-Peters (1985): Ein-Elternteil-Familien. Soziale Randgruppe oder neues familiales Selbstverständnis? Beltz: Weinheim.

Linda Nielsen (1999): Why So Much Stress? A Review of the Research. *Journal of Divorce and Remarriage* 30 (1/2), 115–148.

Jolene Oppawsky (1999): Psychosomatic Reactions of Very Young Children to Divorce: Elective Mutism, Tic and Erl-Königs Syndrome. *Journal of Divorce and Remarriage* 30 (3/4), 71–84.

Patricia L. Papernow (1998): Becoming A Stepfamily. Patterns of Development in Remarried Families. Gestalt Institute of Cleveland Press: Cleveland, Ohio.

Heribert Prantl: Neues Sorgerecht: gut oder nur gutgemeint? SZ Nr. 222 vom 26.09.1997, S. 4.

Hartmut Radebold (2001): Abwesende Väter. Folgen der Kriegskindheit in Psycho-analysen. Vandenhoeck & Ruprecht: Göttingen.

Alan Reifmann, Laura C. Villa, Julie A. Amans, Vasuki Rethinam und Tiffany Y. Telesca (2001): Children of Divorce in the 1990s: A Meta-Analysis. In: *Journal of Divorce and Remarriage* 36 (1/2), 27–36.

Salman Rushdie: Crash. Was the fatal accident a cocktail of death and desire? *The New Yorker* vom 15.09.1997, S. 68–69.

Klaus A. Schneewind (1999): Familienpsychologie. W. Kohlhammer: Stuttgart.

Birgitta Schumann-Gliwitzki und Salwa Meier (1990): Schwierigkeiten und Chancen von Stieffamilien. Eine qualitative Erforschung der spezifischen Familien-realität. Edition Marhold im Wissenschaftsverlag Volker Spiess: Berlin.

Ann R. Skopin, Barbara M. Newman und Patrick C. McKenry (1993): Influences on the Quality of Stepfather-Adolescent Relationships: Views of Both Family Members. *Journal of Divorce and Remarriage* 19 (3/4), 181–196.

A.P. Spruijt (1995): Adolescents from Stepfamilies, Single-Parent Families and (In)Stable Intact Families in The Netherlands. *Journal of Divorce and Remarriage* 24 (1/2), 115–132.

Marlene Stein-Hilbers (1994): »Wem gehört das Kind?« Neue Familienstrukturen und veränderte Eltern-Kind-Beziehungen. Campus: Frankfurt am Main.

Helm Stierlin (1978): Delegation und Familie. Beiträge zum Heidelberger familien-dynamischen Konzept. Suhrkamp: Frankfurt am Main.

Gloria Messick Svare, Sydney Jay und Mary Ann Mason (2004): Stepparents on Stepparenting. An Exploratory Study of Stepparenting Approaches. *Journal of Divorce and Remarriage* 41 (3/4), 81–97.

Mary Target und Peter Fonagy (2002): Fathers in modern psychoanalysis and in society: the role of the father and child development. In: J. Trowell und A. Etchegoyen (Hrsg.) (2002): Importance of Fathers. A Psychoanalytic Reeva-luation. Brunner-Routledge: Hove, East Sussex, S. 45–66.

Frode Thuen (2000): Psychiatric Symptoms and Perceived Need for Psychiatric Care After Divorce. *Journal of Divorce and Remarriage* 34 (1/2), 61–76.

Emily B. Visher und John S. Visher (1995): Stiefeltern, Stiefkinder und ihre Fami-lien. Beltz: Weinheim.

Judith Wallerstein und Deborah Resnikoff (1997): Parental Divorce and Develop-mental Progression: An Inquiry into their Relationship. *Int. J. Psycho-Anal.* 78, 135–154.

Judith Wallerstein, Julia Lewis und Sandra Blakeslee (2002): The Unexpected Legacy of Divorce. A 25 Year Landmark Study. Fusion Press: London.

Sabine Walper (1993): Stiefkinder. In: Manfred Markefka und Bernhard Nauck (Hrsg.) (1993): Handbuch der Kindheitsforschung. Luchterhand: Neuwied, S. 429–438.

Donald Woods Winnicott (1947): Hate in the Countertransference. In: D.W. Winnicott (1982): Through Paediatrics to Psycho-Analysis. Hogarth: London, S. 194–203.

Donald Woods Winnicott (1951): Transitional Objects and Transitional Phenomena. In: D.W. Winnicott (1982): Through Paediatrics to Psycho-Analysis. Hogarth: London, S. 229–242.

Donald Woods Winnicott (1974): Die Fähigkeit zum Alleinsein. In: D.W. Winnicott (1974): Reifungsprozesse und fördernde Umwelt. Kindler: München, S. 36–46.

Donald Woods Winnicott (1980): Playing and Reality. Penguin: London.

Donald Woods Winnicott (1990): Der Anfang ist unsere Heimat. Klett-Cotta: Stuttgart.

Wray Herbert (1999): When Strangers Become Family. The Art of being a Stepparent, Learned Not easily, But Well. *U.S. News & World Report* vom 29.11.1999, S. 58–67.

Namensregister

2004 · 251 Seiten · Broschur
EUR (D) 19,90 · SFr 34,90
ISBN 3-89806-322-4

Dass viele Kinder unter der Scheidung ihrer Eltern leiden, dass sie verschiedene Symptome ausbilden, ist heute unbestritten. Wie aber wirkt sich eine Scheidung langfristig auf die psychische Entwicklung aus? Figdor beschreibt die individuell verschiedene Psychodynamik des kindlichen Scheidungserlebens in Abhängigkeit davon, welche Hilfestellung das Kind durch die Umwelt (vor allem die Eltern) erfährt, und kommt zu der Einsicht, dass sichtbare Symptome nichts über tatsächliche Belastung, Bewältigung und langfristige Auswirkungen aussagen.

Dieses Buch ist ein »Reiseführer« in die Seele von Kindern, die von der Scheidung oder Trennung ihrer Eltern betroffen sind, sowie in die Gefühlswelt der Eltern. Es stellt damit zum einen ein theoretisches Grundlagenwerk dar, ist zugleich aber auch ein Ratgeber für Betroffene.

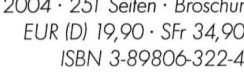

2005 (5. Aufl.) · 272 Seiten · Broschur
EUR (D) 19,90 · SFr 34,90
ISBN 3-932133-09-9

Aufbauend auf seinem ersten Buch über Scheidungskinder führt Figdor hier die vielfältigen Konfliktebenen, die bei Trennungen der Eltern eine Rolle spielen, vertiefend aus.

»Die Lektüre ist ein Gewinn nicht bloß für Scheidungseltern und nicht bloß für Fachpädagogen, sondern für alle, die über die emotionale Welt der Eltern-Kind-Beziehung belehrt sein wollen.«

Saarländischer Rundfunk

P🖳V
Psychosozial-Verlag

Goethestr. 29 · 35390 Gießen · Tel. 06 41/ 9716903 · Fax 77742
bestellung@psychosozial-verlag.de
www.psychosozial-verlag.de

Ariane Schorn

Übergang zur Vaterschaft

Die Entstehung der
Vater-Kind-Beziehung

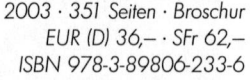

Psychosozial-
Verlag

György Hidas, Jenö Raffai

Nabelschnur der Seele

Psychoanalytisch orientierte
Förderung der vorgeburtlichen
Bindung zwischen Mutter und Baby

edition psychosozial

Psychosozial-Verlag

2003 · 351 Seiten · Broschur
EUR (D) 36,– · SFr 62,–
ISBN 978-3-89806-233-6

2006 · 248 Seiten · Broschur
EUR (D) 24,90 · SFr 43,–
ISBN 978-3-89806-458-3

Im Mittelpunkt der Erforschung der Eltern-Kind-Beziehung stand meistens das Kind oder die Frage, wie sich das bewusste und unbewusste Verhalten der Mutter auf die Entwicklung des Kindes auswirkt. Ariane Schorn wechselt die Perspektive und untersucht die Anfänge der Vater-Kind-Beziehung, so wie sie sich für werdende Väter darstellen. Bereits während der Schwangerschaft finden Prozesse statt, die für die Vater-Kind-Beziehung bedeutsam sind, sie gleichsam einfädeln und vorbereiten. In tiefenhermeneutischen Interviews, die Ariane Schorn mit Männern während der Schwangerschaft und nach der Geburt des Kindes geführt hat, werden die Fantasien, Wünsche und Gefühle, die das Kind und der sich entfaltende familiale Trialog evozieren, sowie die subjektiv bedeutsamen Erfahrungen, die Männer im Prozess des Vaterwerdens machen, erhellt.

György Hidas und Jenö Raffai zeigen neue Zusammenhänge zwischen Störungen der Mutter-Fötus-Bindung und Störungen der Persönlichkeitsentwicklung nach der Geburt auf. Ihre unvergleichliche Methode zur Analyse der Bindung zwischen Mutter und Fötus eröffnet neue Therapiemöglichkeiten für Fachleute der prä- und perinatalen Psychologie und weist werdenden Eltern Wege zur vorgeburtlichen fördernden Kontaktaufnahme mit ihrem Baby.

P⊞V
Psychosozial-Verlag

Goethestr. 29 · 35390 Gießen · Tel. 06 41/9716903 · Fax 77742
bestellung@psychosozial-verlag.de
www.psychosozial-verlag.de